교직으로 가는 **2판**

논리 논술

신붕섭 저

THE ROAD TO TEACHING PROFESSION
EDUCATIONAL LOGIC AND ESSAY (2nd Ed.)

학지사

📚 2판 머리말

2023년 『교직으로 가는 논리 논술』이 새 옷으로 갈아입게 되었다. 개정을 준비하면서, 그간 이 책을 수업 교재로 활용해 주신 교수님들과 교사가 되기 위해 이 책으로 열심히 공부한 학생들에게 고마움을 먼저 전하고 싶다.

이 책 『교직으로 가는 논리 논술』은 두 가지 측면에서 출간의 의미를 찾을 수 있다. 우선 교원 양성을 위한 교육과정에서 '교과교육 영역'의 교과목 중 하나로 편성된 '교과 논리 및 논술'과 관계가 있다. 『교원자격검정 실무편람』(2023)에 보면, ① 교과교육론, ② 교과교재연구 및 지도법, ③ 교과 논리 및 논술, ④ 교과별 교수법, ⑤ 교과별 교육과정, ⑥ 교과별 평가방법론, 이렇게 여섯 과목 중에 3개 과목(8학점) 이상을 이수하도록 되어 있다. 따라서 「교과 논리 및 논술」은 필수과목은 아니다. 학과(전공)에서 선택해야 개설할 수 있다. 그런데 이 과목은 표시과목별로 그 성격이 다르다. 『교원자격 검정 실무편람』에 「교과 논리 및 논술」 과목의 특성을 "논리적 사고의 근본 법칙 및 논술에 관한 교육에 역점을 둔다."고 규정하였다. '각 교과별 특성에 부합되는'이라는 수식어에 방점을 찍는다면, 교원자격 표시과목마다 구성 내용이 달라야 한다. 이에 따라 대학에서는 실제적으로 표시과목을 기준으로 「교과 논리 및 논리 과목」(예: 체육 논리 및 논술)을 운영한다. 그렇지만 이 책은 특정 교과에 초점을 두지 않고 일반적이고 공통적인 논리적 사고와 논술을 중심으로 구성하였다.

교사들에게 논리적 사고와 논술에 관한 능력이 왜 필요한가? 2015년에 개정되어 운영되어 온 역량 기반의 교육과정, 그리고 2022년에 다시 개정되어 2024년부터 시행되는 교육과정에서 그 답을 찾을 수 있다. 국가 교육과정에서 추구하는 인재상에 도달하기 위해 여섯 개의 핵심 역량을 정하였다. 인공지능(AI)의 시대, 챗GPT의 시대에 교사 중심의 지식교육으로는 학생들이 불확실한 미래를 대비하게 할 수 없다. 핵심역량 중에, ① 지식정보처리 역량, ② 창의적 사고 역량, ③ 의사소통 역량은 특히 「교과 논리 및 논술」 과목의 중요성을 말해 준다. 교사가 교과 수업 등 전반적인 교육 과정에서 학생들에게 창의적으로 사고하고, 사회적인 문제와 갈등을 협력하여 해결 하는 역량을 기르게 하려면 논리 비판적 사고가 바탕이면서 필수 요소다. 그렇다면 교사들도 전공 지식을 초월하여 다양한 관점에서 정보를 수집하고 논리적으로 조직 하여 활용하는 역량을 길러야 한다.

한편 이 책은 실용적인 차원에서, 교원 양성 과정에 있는 학생들이 표시과목에 관계 없이 교원 임용 시험을 준비하는 역량을 기르는 데 도움을 주고자 기획하였다. 2013년 부터 교원 임용 시험에 논술이 도입되면서, 교육대학과 사범대학(사범계 학과) 그리고 교직과정의 학생들은 글쓰기 실력을 배양하기 위해 많은 노력을 기울이고 있다. 사실 이 책은 지은이가 중등학교 예비교사들이 치르는 교육학 논술에 관한 역량을 기르 는 수업을 진행하면서 준비한 강의 원고에서 출발하였다. 이런 이유로 실제 논술에 관한 역량을 기르는 데 초점이 있는 단원(장)에서는 교육학의 주제를 예제로 삼았다.

결국 이 책에서는 4차 산업혁명 시대에 교사의 삶을 살고자 하는 학생들에게 본질 적 목적(교과교육의 역량)과 실용적 목적(교원임용시험 준비)을 두루 달성하도록 돕는 데 초점을 두었다.

이 책은 크게 4부(部)로 구성되었다. 제1부(제1장) 예비교사들이 왜 논리와 논술을 공부해야 하는지에 대해 다루었다. 2022 개정 교육과정 총론에 규정된 핵심 역량 중 심의 교육 운영, 교과 영역의 교과목과 내용 체계를 다루어 학생들이 「교과 논리 및 논술」의 목적, 필요성을 알도록 하였다.

제2부(제2장~제4장)에서는 문장을 잘 쓰는 원리와 요령을 다루었다. 문장은 생각 (논리적 사고)을 표현하는 기본 단위다. 논술이 자신의 생각을 논리적으로 주장하여 다른 사람을 설득하는 것이라면, 문장을 잘 써야 한다. 이런 이유로, 제2장은 품사의 이해, 제3장은 문장의 구성, 제4장은 문장 쓰는 요령으로 꾸몄다.

제3부(제5장~제7장)에서는 논리적 사고와 논증에 대해 공부하도록 하였다. 논술 (論述)은 '논리적으로 서술한다' 함이니, '나'의 생각이나 주장이 옳다는 것을 논리적으로 증명하는 사고 형식을 알아야 (논술을) 잘할 수 있다. 이 점에서 논리−논증−논술 은 하나라 해도 무방하다. 제5장은 논술과 논증의 특징, 제6장은 논증의 형식, 제7장 은 논리적 사고(를 훈련하는 방법)로 엮었다.

제4부(제8장~제10장)는 실제적으로 논술하는 과정과 요령에 대해 썼다. 앞에서 공 부한 배경 지식을 실천할 수 있도록 세 개의 장으로 펼쳤는데, 제8장은 논술의 구성, 제9장은 논제 파악과 개요 짜기, 제10장은 고쳐 쓰기를 실전 훈련하듯 풀어 나갔다.

결국 이 책은 서론에 해당하는 제1장을 제외하면, '문장 → 논리와 논증 → 논술'의 순서로 구성하였고, 각 부(영역)는 다시 세 개의 장으로 엮었다. 그런데 이 책으로 수 업하거나 공부할 때에는 각 장의 순서를 따르지 않아도 된다. 교원 임용 시험을 앞두 고 있으면 논술 작성을 어떻게 해야 하는지 마음이 급하기 마련이다. 그러면 마지막 부(제8장~제10장), 그중에서도 제8장이나 제10장을 먼저 공부하는 것도 심리적인 안 정과 자신감을 갖는 데 도움이 된다.

지은이는 어떻게 하면 학생들이 어렵지 않게 논술 역량을 키울 수 있도록 도울 것인 가를 고민하는 가운데 첫 판을 냈고, 개정판을 준비하였다. 그럼에도 어떤 부분은 이 해하는 데 어려움이 있다면 저자의 탓이요 앞으로 해결해야 할 숙제다.

『교직으로 가는 논리 논술』이 판을 거듭하여 세상에 나오도록 지원해 주신 김진환 사장님과 열정과 성의를 다해 주신 직원 여러분께 감사하다는 말씀을 드린다.

2023년 8월

지은이 씀

📚 1판 머리말

교원 임용 시험에 논술이 도입되고, 교원 양성 교육과정에 '논리 및 논술'이 추가되면서, 교육대학과 사범대학(사범계 학과) 그리고 교직과정의 학생들은 글쓰기 실력을 배양하기 위해 많은 노력을 기울이고 있다.

넓은 의미에서 글쓰기는 교사가 되려는 학생들뿐만이 아니라 대부분의 대학생에게 과제이자 고민거리다. 학점을 잘 받으려면 보고서를 잘 써야 하고, 취업을 앞둔 학생들은 자기소개서를 그럴듯하게 써야 취업에 도움이 된다고 믿는다. 그래서 많은 대학생이 글쓰기 강좌를 이수하거나 글쓰기 관련 지원 센터의 문을 두드리기도 한다.

그런데 교원 임용 시험을 준비하는 학생들은 다른 학과의 학생들이 관심을 갖는 일반적인 글쓰기보다는, 교사가 되었을 때 논리적 사고를 바탕으로 수업 방법의 개선 등 실제적인 문제 해결이나 교육적 관점을 주장하는 데 필요한 논술 능력을 키우려고 노력한다.

이 책 『교직으로 가는 논리 논술』은 교원 양성 과정에서 '논리 및 논술' 과목을 가르치기 위한 교재로 기획되었고, 학생들이 (유치원ㆍ초등학교 교사) 교직 논술이나 (중등학교 교사) 교육학 논술시험을 잘 준비하도록 돕기 위해 만들었다.

이 책은 크게 4부(部)로 구성되었다. 제1부(제1장)는 예비교사들이 왜 논리와 논술을 공부해야 하는지에 대해 다루었다.

제2부(제2장~제4장)에서는 문장을 잘 쓰는 원리와 요령을 다루었다. 문장은 생각을 표현하는 기본 단위이고, 논술이 자신의 생각을 논리적으로 표현하여 주장하거나 설득하는 것이라면, 문장을 잘 써야 논술을 잘할 수 있다. 이런 이유로, 제2장은 품사

의 이해, 제3장은 문장의 구성, 제4장은 문장 쓰는 요령으로 꾸몄다.

제3부(제5장~제7장)에서는 논리적 사고와 논증에 대해 공부하도록 하였다. 논술(論述)은 '논리적으로 서술한다' 함이니, '나'의 생각이나 주장이 옳다는 것을 논리적으로 증명하는 사고 형식을 알아야 (논술을) 잘할 수 있다. 이 점에서 논리-논증-논술은 하나라 해도 무방하다. 제5장은 논술과 논증의 특징, 제6장은 논증의 형식, 제7장은 논리적 사고(를 훈련하는 방법)로 엮었다.

제4부(제8장~제10장)는 실제적으로 논술하는 과정과 요령에 대해 썼다. 앞에서 공부한 배경 지식을 실천할 수 있도록 3개의 장으로 펼쳤는데, 제8장은 논제 파악과 개요 짜기, 제9장은 논술의 구성, 제10장은 고쳐 쓰기를 실전 훈련하듯 풀어 나갔다.

결국 이 책은 서론에 해당하는 제1장을 제외하면, '문장 → 논리와 논증 → 논술'의 순서로 구성하였고, 각 부(영역)는 다시 3개의 장으로 엮었다. 그런데 이 책으로 수업하거나 공부할 때에는 각 장의 순서를 따르지 않아도 된다. 교원 임용 시험을 앞두고 있으면 논술 작성을 어떻게 해야 하는지 마음이 급하기 마련이다. 그러면 마지막 부(제8장~제10장), 그중에서도 제9장이나 제10장을 먼저 공부하는 것도 심리적인 안정과 자신감을 갖는 데 도움이 된다.

저자는 3~4년간 이 책의 일부 초고를 수업 자료로 활용하면서, 어떻게 하면 학생들이 쉽고 재미있게 논술 역량을 키울 수 있도록 도울 것인가를 고민하는 가운데 학생들로부터 솔직한(?) 피드백을 받았다. 이 책을 읽는 사람들이, 저자가 가급적 쉽고, 말하듯 풀어 쓰려고 애썼다고 인정해 준다면 그건 학생들의 공이요, 문장이 난해하고 논리가 약한 부분은 저자의 탓이다.

『교직으로 가는 논리 논술』은 교육학을 포함하여 다방면의 양서를 만들어 우리나라의 학문 발전과 대학 교육에 크게 공헌하고 있는 (주)학지사 김진환 사장님과 직원 여러분의 관심과 노고로 세상 빛을 보게 되었다. 감사합니다.

2017년 정유년
동우(棟宇) 씀

차례

제1부 … 교사와 논리 및 논술

제1장

논리와 논술, 왜 공부해야 할까   17

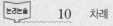

제3부 ··· 논리와 논증

제5장
논술의 기초, 어떻게 다질까   103

제6장
논증의 형식, 어떻게 훈련할까   125

제**1**부

교사와 논리 및 논술

제1장　논리와 논술, 왜 공부해야 할까

제**1**장

논리와 논술, 왜 공부해야 할까

교사를 꿈꾸며 교원 양성 교육과정을 이수하고 있는 학생들이 논리적으로 사고하고, 논술을 잘해야 하는 이유는 무엇일까? "교직과목과 전공과목을 열심히 공부하여 수업 이론과 수업 기술을 정확하게 알고, 교과의 내용에 정통하면 유능한 교사로 성장할 텐데, 모든 교사에게 논술의 전문가(?)가 되라는 건 너무 하지 않나." 이렇게 생각할 수도 있다.

그렇지만 '교과 논리 및 논술'은 두 가지 측면에서 생각할 수 있다. 먼저, 교육대학과 사범대학(교육과정 이수자 포함) 입학자들은 학교 단계 또는 표시과목별로 교과교육 영역에 관한 교과목을 일정 범위 내에서 이수해야 한다. 이 과정에서 학과에 따라 다르지만 교사의 전문성을 기르기 위한 본질적 목적으로 '교과 논리 및 논술' 과목을 선택하게 된다. 다음으로, 교원 임용을 위한 전형에서 교직논술(유·초등) 또는 교육학 논술(중등)을 시험을 치른다. 따라서 교과 논리 및 논술은 실용적 측면에서 교원 임용 시험을 준비하는 데 도움이 될 수 있다. 물론 한국교육과정평가원은 교원 임용 전형 중 논술 시험을 안내하면서, '교사로서의 전문적인 능력을 측정하는 평가 문항'으로 출제한다고 밝히고 있으므로, 두 가지 목적을 굳이 구분할 필요는 없다.

머리말에서 밝힌 대로, 이 책은 특정 교과만을 대상으로 논리 및 논술을 다룬 것은 아니다. 따라서 모든 교사에게 공통적으로 필요한 논리적 사고와 논술 역량을 기르고, 교원 임용 시험을 준비하는 데 초점을 두었다는 것을 이해하고 각 장을 공부해 나가자.

1. 논술, 교원 임용 시험의 전형 요소다

이 책을 공부하는 학생들은 아마도 '**교과 논리 및 논술**' 과목의 성격과 교원 임용 시험에서 학교급에 따라 논술 시험을 어떻게 치르는지 어느 정도 알고 있을 것이다. 그렇지만 이 과목을 왜 공부해야 하는지 확실히 알고 시작하자.

교원 자격을 무시험으로 취득하기 위해서는 교직이론과 전공과목을 정해진 만큼 이수해야 하는데, 전공과목 중에 교과교육 영역에 해당하는 과목이 여럿 있다. 2023학년도 『교원자격검정 실무편람』에 교과교육 영역의 과목을 〈표 1-1〉과 같이 정하고 있다.

표 1-1 교과교육 영역의 교과목과 교수요목

교과목	기본 교수요목
① 교과교육론	• 교과교육의 역사적 배경, 교과교육의 목표, 중·고등학교 교육과정의 분석 등 교과교육 전반에 관하여 연구한다(수업의 실제 부분에 중점을 둠). • 교과별 수업의 실제와 과정 중심의 평가 등 중·고등학교 교육과정의 각론 내용에 중점을 둔다.
② 교과교재연구 및 지도법	• 교과의 성격, 중·고등학교 교재의 분석, 수업안의 작성, 교수방법 등 교과지도의 실제 경험을 쌓게 한다. • 학교 현장의 교육실습과 연계를 강화하고, 교과 통합 교육과정 운영 등에 중점을 둔다.
③ 교과 논리 및 논술	• 각 교과별 특성에 부합되는 논리적 사고의 근본 법칙 및 논술에 관한 교육에 역점을 둔다.
④ 교과별 교수법 ⑤ 교과별 교육과정	• 각 교과별 특성에 부합되는 교수법, 교육과정, 평가방법 등에 관한 이론과 실제를 학습한다.
⑥ 교과별 평가방법론	• 교육과정 및 교육정책의 변화에 따른 학생활동 및 참여 중심의 최신 교수-학습 모형과 평가 방법이 포함되는 내용을 개발하여 운영한다.

〈표 1-1〉처럼 교과교육 영역은 여섯 과목으로 구성되어 있다. 이 중에서, 표시과목마다 기본 이수과목으로 고시된 '교과교육론'을 포함하여 교과교육 영역의 과목을 대학별로 8학점(3과목) 이상 이수하도록 정하고 있다. 여기서 '교과 논리 및 논술'은 모든 표시과목에서 의무적으로 이수해야 할 과목은 아니지만 교원 양성 학과나 교직과정을 설치한 학과에서는 이 과목을 대부분 편성, 개설하고 있다. 왜 그럴까? 교원 임용 시험에서 그 답을 찾을 수 있다. 현행 교원 임용 시험의 전형 요소 중 1차에 해당하는 논술 시험을 간단히 알아보자.

표 1-2 교원 임용 논술 시험의 개요

선택 분야	시험 과목	배점	문항 수	시간(분)	출제 범위 및 내용
유치원 및 초등학교 교사 (특수학교 포함)	교직논술	20	1	60	모집 분야별 교직·교양 전 영역
중등학교 교사	교육학논술	20	1	60	교육학개론, 교육철학 및 교육사, 교육과정, 교육평가, 교육방법 및 교육공학, 교육심리, 교육행정 및 교육경영, 생활지도 및 상담 ※ 특수(중등)과목, 비교수 교과도 동일하게 적용

2013학년도부터 교원 임용 시험이 종전의 3차에서 2차로 줄었는데, 1차의 경우 전공시험(80점)과 논술(20점)을 치른다. 이때부터 교육이론 과목의 선다형 시험이 폐지되는 대신 유치원 교사와 초등학교 교사, 그리고 특수학교(유치원과 초등) 교사 지망생들은 교직 논술, 중등학교(특수학교 포함) 교사 임용 응시자들은 교직이론 과목을 시험 내용으로 하는 교육학 논술을 보아야 한다.

논술이 교원 임용 시험의 필수 요소인 현실에서 '교과 논리 및 논술' 과목이 갖는 중요성은 실용적 측면에서 보면 더 말할 필요가 없다. 그러나 교사의 전문성을 기르기 위해 국가 차원에서 설정한 과목을 실용적 가치로만 한정할 수 있을까.

2. 핵심 역량 기반의 교육과정 운영에 필요하다

핵심 역량 기반 교육과정은 2018년부터 시행된 「2015 개정 교육과정」에서 구체화되었다. 지식 중심의 교육과정은 21세기 지식 정보화 사회를 살아갈 학생들에게 적합하지 않다는 판단하에 국가 차원에서 핵심 역량을 중심으로 교육과정을 설계하고, 운영해야 한다는 논리를 반영하였다.

핵심 **역량**이란 선천적으로 타고나는 것이 아니라 학습될 수 있는 것으로, 지적 능력, 인성(태도), 기술 등을 포괄하는 다차원적(multidimensional) 개념이며, 향후 직업세계를 포함하여 미래의 삶에 성공적으로 대처하기 위해 필수적으로 요청되는 능력이다(이근호, 2013). 핵심 역량은 학습될 수 있는 성질의 것이라는 점에서 교육과정 개혁의 근본으로 삼을 수 있다. 또한 핵심 역량은 다차원적이라는 속성에서 정의 요소는 포괄적이라는 사실을 알 수 있다.

이렇게 보면 핵심 역량이란 21세기 사회에서 사회생활이나 직업생활에서 유능하고, 성공적으로 살아가는 데 필요한 총체적인 생애 능력이라 할 수 있다. 이광우 등(2009)은 역량 기반의 교육과정을 설계할 때 기준으로 삼아야 할 **핵심 역량의 구성 요소**를 크게 세 가지로 범주화하였다.

• 핵심 역량은 무엇인가?
–학습될 수 있음
–다차원임
–총체적인 생애 능력

• 핵심 역량의 구성 요소
–인성 역량
–지적 역량
–사회적 역량

표 1-3 핵심 역량의 3가지 대범주

대범주	구성 요소
인성 역량	도덕적 역량(德), 자아정체성, 자기 인식 자존감, 개방성, 이해심, 배려 윤리 등으로 구성
지적 역량	창의적 사고 능력과 학습 능력으로 구성
사회적 역량	사회생활 능력과 직무수행 능력으로 구성

한편 2024년부터는 「2022 개정 교육과정」을 시행하는데, 국가 차원에서 교육과정을 통해 추구하려는 인재상과 핵심 역량이 무엇인지 『교육과정 총론』(교육부 고시, 제 2022-33호 [별책 1])에서 알아보자.

• 2022 개정 교육과정의
  주요 배경
  −사회의 불확실성
  −상호 존중과 공동체
   의식
  −맞춤형 교육 요구
  −교육 주체의 의사 결
   정 참여+교육과정 자
   율화 · 분권화

1. 교육과정 구성의 중점

우리나라 초 · 중등학교 교육과정은 사회 변화와 시대적 요구를 반영하여 지속적으로 개정되고 발전해 왔다. 우리 사회는 새로운 변화와 도전에 직면해 있으며, 이에 대응하기 위해 교육과정을 개정할 필요성이 제기되었다. 교육과정의 변화를 요청하는 **주요 배경**은 다음과 같다.

첫째, 인공지능 기술 발전에 따른 디지털 전환, 감염병 대유행 및 기후 · 생태환경 변화, 인구 구조 변화 등에 의해 사회의 불확실성이 증가하고 있다.

둘째, 사회의 복잡성과 다양성이 확대되고 사회적 문제를 해결하기 위한 협력의 필요성이 증가함에 따라 상호 존중과 공동체 의식을 함양하는 것이 더욱 중요해지고 있다.

셋째, 학생 개개인의 특성과 진로에 맞는 학습을 지원해 주는 맞춤형 교육에 대한 요구가 증가하고 있다.

넷째, 교육과정 의사 결정 과정에 다양한 교육 주체들의 참여를 확대하고 교육과정 자율화 및 분권화를 활성화해야 한다는 요구가 높아지고 있다.

이에 그동안의 교육과정 발전 방향을 계승하면서 미래 사회를 살아갈 학생들이 주도적으로 삶을 이끌어 가는 능력을 함양할 수 있도록 교육과정을 구성한다.

이 교육과정은 우리나라 교육과정이 추구해 온 교육 이념과 인간상을 바탕으로, 미래 사회가 요구하는 핵심 역량을 함양하여 포용성과 창의성을 갖춘 주도적인 사람으로 성장하게 하는 데 중점을 둔다.

이를 위한 **교육과정 구성의 중점**은 다음과 같다.

가. 디지털 전환, 기후·생태 환경 변화 등에 따른 미래 사회의 불확실성에 능동적으로 대응할 수 있는 능력과 자신의 삶과 학습을 스스로 이끌어 가는 주도성을 함양한다.

나. 학생 개개인의 인격적 성장을 지원하고, 사회 구성원 모두의 행복을 위해 서로 존중하고 배려하며 협력하는 공동체 의식을 함양한다.

다. 모든 학생이 학습의 기초인 언어·수리·디지털 기초 소양을 갖출 수 있도록 하여 학교교육과 평생학습에서 학습을 지속할 수 있게 한다.

라. 학생들이 자신의 진로와 학습을 주도적으로 설계하고, 적절한 시기에 학습할 수 있도록 학습자 맞춤형 교육과정 체제를 구축한다.

마. 교과교육에서 깊이 있는 학습을 통해 역량을 함양할 수 있도록 교과 간 연계와 통합, 학생의 삶과 연계된 학습, 학습에 대한 성찰 등을 강화한다.

바. 다양한 학생 참여형 수업을 활성화하고, 문제 해결 및 사고의 과정을 중시하는 평가를 통해 학습의 질을 개선한다.

사. 교육과정 자율화·분권화를 기반으로 학교, 교사, 학부모, 시·도 교육청, 교육부 등 교육 주체들 간의 협조 체제를 구축하여 학습자의 특성과 학교 여건에 적합한 학습이 이루어질 수 있도록 한다.

2. 추구하는 인간상과 핵심 역량

우리나라의 교육은 홍익인간의 이념 아래 모든 국민으로 하여금 인격을 도야하고, 자주적 생활 능력과 민주시민으로서 필요한 자질을 갖추어 인간다운 삶을 영위하고, 민주 국가의 발전과 인류 공영의 이상을 실현할 수 있도록 함을 목적으로 한다.

이러한 교육 이념과 교육 목적을 바탕으로, 이 교육과정이 추구하는 **인간상**은 다음과 같다.

가. 전인적 성장을 바탕으로 자아정체성을 확립하고 자신의 진로와 삶을 스스로 개척하는 자기주도적인 사람

• 2022 개정 교육과정 구성의 중점
- 삶과 학습의 주도성
- 공동체의식
- 학교 교육과 평생학습에서 학습 지속
- 진로와 학습의 주도적 설계+맞춤형 교육과정 체제
- 교과 간 연계+삶과 연계된 학습+학습성찰
- 학생 참여형 수업+평가를 통한 학습의 질 개선
- 교육과정 자율화·분권화+교육 주체의 협조 체제

나. 폭넓은 기초 능력을 바탕으로 진취적 발상과 도전을 통해 새로운 가치
　 를 창출하는 창의적인 사람

다. 문화적 소양과 다원적 가치에 대한 이해를 바탕으로 인류 문화를 향유
　 하고 발전시키는 교양 있는 사람

라. 공동체 의식을 바탕으로 다양성을 이해하고 서로 존중하며 세계와 소통
　 하는 민주시민으로서 배려와 나눔, 협력을 실천하는 더불어 사는 사람

이 교육과정이 추구하는 인간상을 구현하기 위해 교과교육과 창의적 체험활
동을 포함한 학교교육 전 과정을 통해 중점적으로 기르고자 하는 **핵심 역량**
은 다음과 같다.

가. 자아정체성과 자신감을 가지고 자신의 삶과 진로를 스스로 설계하며
　 이에 필요한 기초 능력과 자질을 갖추어 자기주도적으로 살아갈 수 있
　 는 자기관리 역량

나. 문제를 합리적으로 해결하기 위하여 다양한 영역의 지식과 정보를 깊
　 이 있게 이해하고 비판적으로 탐구하며 활용할 수 있는 지식정보처리
　 역량

다. 폭넓은 기초 지식을 바탕으로 다양한 전문 분야의 지식, 기술, 경험을
　 융합적으로 활용하여 새로운 것을 창출하는 창의적 사고 역량

라. 인간에 대한 공감적 이해와 문화적 감수성을 바탕으로 삶의 의미와 가
　 치를 성찰하고 향유하는 심미적 감성 역량

마. 다른 사람의 관점을 존중하고 경청하는 가운데 자신의 생각과 감정을
　 효과적으로 표현하며 상호 협력적인 관계에서 공동의 목적을 구현하
　 는 협력적 소통 역량

바. 지역·국가·세계 공동체의 구성원에게 요구되는 개방적·포용적 가
　 치와 태도로 지속 가능한 인류 공동체 발전에 적극적이고 책임감 있게
　 참여하는 공동체 역량

• 교육과정의 인간상
　–자기주도적인 사람
　–창의적인 사람
　–교양 있는 사람
　–더불어 사는 사람

• 기르고자 하는 핵심 역량
　–자기관리 역량
　–지식정보처리 역량
　–창의적 사고 역량
　–심미적 감성 역량
　–협력적 소통 역량
　–공동체 역량

국가에서 교육과정을 통해 기르고자 하는 **인간상과 핵심 역량**을 이해하면, 왜 교사들이 논리적 사고를 해야 하고 논술 역량을 길러야 하는지 알 수 있다. 핵심 역량으로 제시된 것 중에, ① 지식정보처리 역량, ② 창의적 사고 역량, ③ 협력적 소통 역량이 논리 및 논술과 보다 직접적으로 맞닿는 것으로 볼 수 있다. 학생들이 문제를 합리적으로 해결하도록 가르치려면 교사 스스로 다양한 관점에서 정보를 수집, 해석, 활용하는 논리적이고 종합적인 사고를 해야 한다. 또한 교사가 교과 수업 등 전반적인 교육과정에서 학생들이 창의적으로 사고하도록 지도하려면 교사들이 먼저 융통적으로 접근하는 지식, 기술, 태도를 익혀 실천하는 노력이 필요하다. 협력적 의사소통 역량도 마찬가지다. 교사들이 말이나 글로 대화하고 소통하는 데 필요한 경청 기술이나 효과적인 의사전달 능력이 없으면 학생, 동료 교사, 학부모 등과 원활하게 상호작용하기도 어렵다.

• 논리 및 논술과 관계된 핵심 역량은?
 −지식정보처리 역량
 −창의적 사고 역량
 −협력적 소통 역량

한편 역량 기반의 교육과정을 운영하려면 수업 방법과 학생평가의 방식도 달라져야 한다. 특히, 교사들이 역량 중심으로 수업을 진행하고서, 학생들의 역량이 어떻게 발전하였는지를 사정하기 위해서는 그에 맞는 평가 능력이 필요하다.

학생들이 수업을 통해 핵심 역량을 기르도록 하려면 교사 주도의 설명식 수업에서 학생 주도의 활동 중심 수업으로 전환하여야 한다. 교사가 수업 내용을 체계적으로 조직하여 일방적으로 전달하고, 학생들은 교사의 설명을 듣고 이해하는 방식으로 진행되는 수업으로는 학생들에게 핵심 역량을 기를 기회를 제공할 수 없다. 그보다는 프로젝트 수업이나 문제해결학습, 협동학습 등으로, 학생들이 수업 과정에 능동적·주도적으로 참여하여 스스로 지식을 발견하고 구성하며, 학습 활동의 과정에서 기술과 태도를 익히고 연마하는 기회를 갖도록 수업을 진행해야 한다. 최근에 새로운 수업 방법으로 관심을 끌고 있는 학생 중심의 **플립러닝**(flipped learning)이 역량 기반 교육과정 구현의 좋은 예다.

• 핵심 역량을 기르기 위한 수업 방법은?
 −학생 중심의 수업: 협동학습, 문제해결학습, 토론학습 등
   ⇓
   플립러닝

이렇게 수업이 바뀌면 학생평가 방식도 달라져야 한다. 역량 기반 교육과정이나 수업이 대두되면서 학생평가 방식으로 주목을 끈 것 중의 하나가 **서답형 평가**다. 선다형 등 선택형 시험으로는 학생들의 학습 역량을 제대로 측정하기 어렵다. 그래서 교육과정 개정과 함께 서술형과 논술형 시험 중심으로 학생의 학업성취를 평가하는 방향으로 바뀌고 있다. 그래야 분석과 종합, 비판과 추론, 창의적 사고 등 지적 역량을 제대로 측정할 수 있다. 또한 학습과정을 들여다볼 수 있는 관찰평가, 수행평가를 해야 학생들이 역량을 어느 정도 향상하였는지를 판단할 수 있다.

결국 모든 교사에게 논리적으로 사고하고 글을 쓰는 역량을 교원 임용 시험을 통해 확인하는 이유는 국가에서 대강(大綱)을 정하는 교육과정에서 찾을 수 있다. 역량 기반의 교육과정의 취지를 제대로 이해하고, 이를 교사 수준에서 구현하려면 그에 걸맞은 전문적 역량이 선행되어야 하는데, 여기서 교사들이 논리적 사고와 논리적 표현 능력을 길러야 하는 이유를 알 수 있다.

3. 가르칠 교과목에 적합한 사고와 논술 능력을 길러야 한다

교육부에서 발간한 『교원자격검정 실무편람』에 나와 있는 '교과 논리 및 논술'의 기본 교수요목을 알면, 왜 이 과목을 공부해야 하는지 제대로 알 수 있다.

교과 논리 및 논술	• 각 교과별 특성에 부합되는 논리적 사고의 근본 법칙 및 논술에 관한 교육에 역점을 둔다.

각 교과별 특성에 부합되는 논리적 사고의 근본 법칙과 논술 능력을 키우는 것이 이 과목의 목표인데, '각 교과별 특성에 부합하는'이라는 표현에서 교과 논리 및 논술 과목의 목표와 주요 내용은 교과의 특성에 따라 다르다는 것을 알 수 있다.

특정 교과를 대상으로 연구한 결과를 보고, 교과 논리 및 논술 과목의 목표와 교수-학습의 방향이 무엇인지를 이해해 보자(신윤호, 2009). 이 연구에서 산업 전문 교과(농업, 공업, 상업, 가정 등) 담당교사들은 산업 교과에 두루 적용되는 논리 및 논술 과목의 목표를, ① 논리 및 창의적 글쓰기, ② 전공 교과의 지식, 기술 및 태도에 관한 표현력, ③ 자기의 이해력, ④ 산업 변화의 논리적 기술, ⑤ 자신의 진로에 관한 분석적 표현력, ⑥ 교과의 문제 해결을 위한 사고력, ⑦ 논리적이고 비판적인 글쓰기 능력의 배양으로 제시하였다. 이렇게 경력 교사들의 의견을 수렴한 결과 등을 바탕으로, '산업 교과 논리 및 논술' 과목의 교육목표와 교수-학습의 방향을 〈표 1-4〉처럼 제시하였다(신윤호, 2009: 234).

표 1-4 논리 및 논술의 구성 요소에 따른 교육목표와 교수-학습의 방향

구성 요소	교육목표	방향
독해 및 이해	• 산업 교과의 철학적 이해를 통하여 교과 내용을 이해할 수 있다. • 교과 특성에 따른 주요 개념과 이슈를 기술할 수 있다.	논술형 어휘와 문장의 이해
논술적 표현	• 산업 교과 내용의 논리에 맞추어 글쓰기를 할 수 있다. • 교과의 지식, 기술, 태도에 관한 글쓰기를 할 수 있다. • 아이디어나 문제 해결 과정을 글로 바르게 표현할 수 있다. • 교과교육에 대한 체계적인 표현력을 기른다.	교과 논리 및 논술의 개념 이해

논리적 전개	• 산업에 따라 자기 이해와 진로를 체계적으로 기술할 수 있다. • 교과에 대한 자기 주장을 삼단논법에 따라 전개할 수 있다. • 교과 내용에 관한 글쓰기 의사소통을 체계적으로 할 수 있다. • 전공에 관한 의사소통을 논리에 따라 일관성 있게 할 수 있다.	논리적 표현과 단락 설정
논증력	• 교과 내용을 연역적으로 추론할 수 있다. • 교과 내용을 귀납적으로 추론할 수 있다. • 교과 내용을 귀추상적 사고로 검증할 수 있다. • 교과 내용을 비판적 사고로 반증할 수 있다.	서술형 논제 해결
창의적 사고	• 산업 교과의 특성에 따른 아이디어를 논리적으로 기술할 수 있다. • 아이디어나 문제 해결 과정을 유창성 있게 논제화할 수 있다. • 아이디어나 문제 해결 과정을 독창성 있게 논제화할 수 있다. • 교과 내용을 확산적 사고를 통하여 논리적으로 표현할 수 있다. • 교과 내용을 수렴적 사고를 통하여 논리적으로 표현할 수 있다.	다면적 사고의 접근 방법
통합적 논술	• 산업 변화에 따른 직업 분류를 통하여 나의 진로를 설계할 수 있다. • 산업 교과 내용의 논술형 문제를 정확히 해결할 수 있다. • 산업 교과 내용의 창의적 문제를 아이디어로 해결할 수 있다. • 고등정신을 요하는 내용의 창의적 문제를 해결할 수 있다.	논술형 문제 해결

〈표 1-4〉의 체계는 특정 교과를 대상으로 연구하여 제시한 것이지만, 모든 학교 단계와 교과에서 참고할 수 있는 일반적인 틀이 될 것이다. 이렇게 보면 논리 및 논술은 교원 임용 시험의 전형 요소라는 실용적 목적을 넘어 교사들이 각자 가르치는 교과목의 목표, 내용 구조, 교수-학습의 방향을 제대로 설정하고 실천하는 토대라 할 수 있다.

4. 이 책은 이렇게 짜여 있다

이 책은 특정 교과를 가르치는 교사만을 대상으로 하지는 않았다. 그 대신

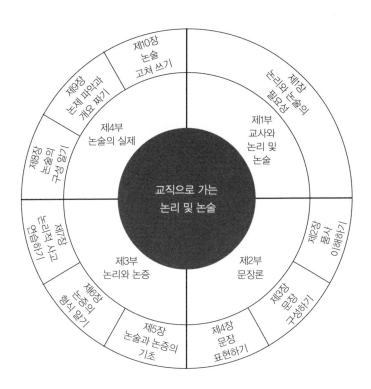

[그림 1-1] 이 책의 단원 구성

모든 교사가 논리적으로 사고하고, 논리적으로 글을 쓰려면 어떻게 해야 하는 지를 다루었다. 이 책에서 다룰 주제를 나타내면 [그림 1-1]과 같다.

[그림 1-1]을 풀어 이해해 보자. 제1부는 하나의 장으로 구성하였다. 제1장 은 이 책의 토대이면서 도입부다. 교사들은 왜 논리적으로 사고하고 논리적으 로 글을 쓸 수 있어야 하는지를 책의 첫머리에서 다루었다. 제2부는 문장 쓰기 에 대해 썼다. 제2장, 제3장, 제4장을 하나로 말하면 **문장론**이라 할 수 있다. 문 장을 잘 쓰려면 어떻게 해야 하는지 공부하는 데 목적을 두고 썼다. 책의 제목 이 논리 및 논술이므로 당연히 '앞 장들에서 논리와 논증을 공부하도록 구성하 는 게 더 적절하지 않을까' 하는 의문이 들 수 있다. 저자도 그런 생각에 동의한 다. 그렇지만 저자가 이렇게 한 데는 이유가 있다. 이 책은 전문적인 교사가 되 려는 학생들에게 논리적으로 글을 쓰려면 어떻게 해야 하는지를 안내하는 실 용적인 목적에 초점을 두고 집필을 구상하였기 때문에 생각을 표현하는 가장 기본적인 단위인 문장을 잘 쓰는 원리를 앞자리에 두었다. 제3부(제5장~제7장) 는 **논리와 논증**에 대해 썼다. 논증의 형식을 알고, 논리적 사고를 훈련하는 원리 를 공부해야 논술(論述), 즉 논리적으로 서술할 수 있다. 이 점에서 논리적 사고 능력은 논술의 기초 체력이다. 제4부에 해당하는 제8장, 제9장, 제10장은 이 책 의 중심 주제인 **논술의 구성과 그 원리**에 대해 설명하고, 실제 예를 통해 실전 감 각을 훈련하도록 꾸몄다. 제4부의 3개 장이 이 책의 중심이고 뼈대이자 결론인 셈이다.

다시 말하지만, 이 책은 특정 교과에 한정하여 논리 및 논술을 공부하도록 쓴 것이 아니다. 학교급, 교과를 넘어 모든 교사가 논리적으로 사고하고 논리 적으로 글을 쓰는 원리를 공부하고 익히도록 하였다.

이 책으로 수업을 하거나 공부할 때 도움이 되는 두 가지를 다음과 같이 안 내한다.

첫째, 이 책은 제1장을 빼면 아홉 개의 장이 3개의 부로 묶여 '**문장론 → 논리**

와 **논증 → 논술하기**' 순서로 꾸며졌다. 그렇지만 순서에 얽매이지 말고 필요한 부분을 먼저 공부해도 좋다. 예컨대, 교원 임용 시험을 앞두고, 있다면 제8장, 제9장, 제10장을 먼저 공부하거나 아예 실제 논술한 내용으로 고쳐 쓰기를 예시한 내용(제10장)을 맨 먼저 공부하면 전체 윤곽을 잡는 데 도움이 될 수 있다.

둘째, 제2장에서부터 절에 해당하는 내용을 '규칙'이라는 이름으로 짧게 꾸몄다. 논리와 논술은 지식을 습득하기보다 실천하는 것이 더 중요하다는 전제하에 실천 원리를 예를 들면서 간단하게 소개하였다. 규칙 하나하나를 공부하고 이를 머릿속에 담아 두는 것이 실천 요령을 습득하는 데 더 도움이 될 수도 있다. 저자가 '규칙'이라는 표현을 써서 간단하게 원리를 제시한 것은 Anthony Weston이 쓴, 『A Rulebook for Arguments』(이보경 역, 2012)에서 아이디어를 얻었음을 밝힌다.

저자가 첫 장에서, 목차를 보면 알 수 있는 내용을 굳이 소개한 것은 책의 특성에 따라 효율적으로 공부하는 방법을 알고 시작해야 학습 효과가 더 높아질 수 있기 때문이다.

실전 연습

교사가 되려면 논리 및 논술과목을 이수해야 하고, 교원 임용 시험에서 학교급에 따라 교직 논술 또는 교육학 논술 시험을 보아야 한다. 다음 문제로 교사들은 왜 논리와 논술에 관한 전문성을 길러야 하는지 생각해 보자.

실전 1 다음 물음에 적합한 낱말을 쓰거나 간단히 서술하시오.

1. '교과 논리 및 논술'은 전공과목 중 (   ) 영역에 편제된 과목이다.

2. 논리 및 논술을 공부해야 하는 이유를 두 가지 쓰시오.

   ① _____

   ② _____

3. 교과별 논리 및 논술과목의 기본 교수요목을 설명하시오.

   _____

   _____

4. 학생들을 평가할 때에 논리 및 논술 능력이 필요한 이유를 설명하시오.

   _____

   _____

실전 2 다음 물음에 대해 약술하시오.

1. '교과 논리 및 논술'에서 다루어야 할 주요 주제를 세 가지 생각하여 쓰시오.

   ① _____

   ② _____

   ③ _____

2. '나'의 교사 자격과 관련된 핵심 역량 중 '교과 논리 및 논술'과 관계된 것을 간단하게 서술하시오.

   _____

제**2**부

문장론

제**2**장

품사, 왜 공부해야 하나

　어렸을 때 친구들하고 우스갯소리를 했던 기억이 새삼스럽다. "아기다리고기다리(기다리고 기다리던)……. 아버지가방에들어가신다(아버지가 방에 들어가신다)." 어릴 적에 재미삼아 일부러 붙여 읽고선 깔깔거리며 놀았다.

　띄어쓰기를 잘하려면 어떻게 해야 할까? 문장을 이루는 요소인 품사에 대해 알아야 한다. 품사는 문장에서 문법적 관계를 나타내면서 띄어쓰기의 단위다. 글을 잘 쓰자면 배경 지식과 어휘 지식이 많아야 하지만, 정서법(正書法)을 지켜 써야, 알고 있는 지식을 논리적이고 명료하게 표현할 수 있다.

1. 품사를 분류하는 방식을 알자

문장 속의 단어들은 각기 정해진 의미와 기능이 있는데, 공통적인 성질을 가지고 있는 단어들을 모아 놓은 갈래를 **품사**(品詞)라 한다. 국어사전에서 단어를 찾아보면 뜻풀이와 함께 품사가 표시되어 있다. 품사는 문장에서 특정 단어가 어떤 기능을 하는지 밝혀 주는 동시에 띄어쓰기의 기준이 된다.

• 품사
  −공통적인 성질을 가지고 있는 단어들의 갈래

> 품: 사 (品詞) ⑩ 단어를 문법상 의미 · 형태 · 기능으로 분류한 갈래. 학교 문법에서는 명사 · 대명사 · 수사 · 동사 · 형용사 · 조사 · 감탄사 · 관형사 · 부사 · 수사의 9품사임.

국어사전을 보면, 단어는 '자립적으로 쓸 수 있는 말이나 이에 준하는 말, 또는 그 말의 뒤에 붙어 문법적 기능을 나타내는 말, 낱말'이고, 품사란 '단어를 문법상 의미 · 형태 · 기능으로 분류한 갈래'다(민중에센스 국어사전, 2006). 단어가 모여 문장을 이루고, 문장쓰기가 글쓰기의 바탕이라면, (단어의 갈래인) 품사에는 어떤 것들이 있고, 어떤 기능을 하는지 알아야 한다. 먼저 **품사를 분류하는 체계**를 알아보자(신지영 외, 2013: 126에 기초).

• 품사의 분류 기준
  −의미
  −형태
  −기능

• 품사의 분류체계를 잘
 살펴보자.

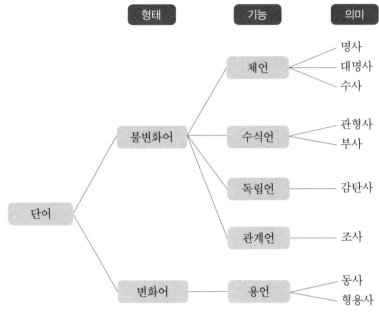

[그림 2-1] 품사의 체계

1. 형태에 의한 분류

• 형태에 의한 분류
 −변화어
 −불변화어

　단어의 원래 형태가 변할 수 있는 것이냐, 그렇지 않느냐를 기준으로 품사를 분류할 수 있다. 문장에서 원래 형태가 변하여 활용되는 품사를 **변화어**라 하고, 그렇지 않은 품사를 **불변화어**라 부른다. 동사와 형용사는 변화어고, 그 밖의 품사는 불변화어에 속한다.

　동사와 형용사의 어간은 단어가 활용될 때 변하지 않는 부분으로 어휘적 의미가 있는 데 반해, 어미는 어간 뒤에 붙어 활용하는(변하는) 부분으로 문법적 의미가 있다.

　① 먹다. 먹고, 먹어 ……
　② 많다. 많고, 많아 ……

③ 학생<u>이다</u>. 학생이고, 학생이니 ……

　동사 먹다(①)를 활용하면, '먹고, 먹어, 먹으니, 먹으면, 먹어서'가 된다. 여기서 아무리 활용해도 변하지 않는 어간 '먹'은 그 자체로는 자립할 수 없으며, 변화하는 부분인 어미(-고, -어 등)와 결합하면서 어절(語節, 말의 마디)을 구성하여 의미를 나타낸다. 형용사 많다(②)도 ①과 동일하다.

　이렇게 원래의 단어 형태가 문장 속에서 다양하게 변하여 의미를 전달하고 문법적 기능을 하는 품사로 서술격 조사가 있다. ③은 '학생'이라는 명사에 '이다'라는 서술격 조사가 붙었다. 이렇게 조사는 불변화어이지만 서술격 조사만 변화어에 속한다.

2. 기능에 의한 분류

　단어가 문장에서 어떤 일, 기능을 하느냐에 따라, 품사는 체언, 용언, 수식언, 관계언, 독립언으로 분류된다.

- 기능에 의한 분류
 -체언: 서술의 주체
 -용언: 주체를 서술
 -수식언
 -관계언
 -독립언

　체언(體言-몸이 되는 말)은 명사·대명사·수사를 총칭하는 문법상 부류의 하나로, 조사의 도움을 받아 문장의 주체로 쓰이며, 활용하지 않는다. 즉, 문장에서 서술의 주체가 곧 체언이다. **용언**(用言)은 주체를 서술해 주는 동사와 형용사를 말하는데, 어미가 변한다. **수식언**은 체언이나 용언 앞에서 뒤의 말을 꾸미거나 한정하는 단어로 관형사와 부사가 이에 해당한다. **관계언**은 조사를 말하는데, 체언이나 부사, 어미 따위의 뒤에 붙어 그 말과 다른 말과의 관계를 나타내거나 그 말의 뜻을 도와주는 기능을 한다. 조사는 '격조사, 접속조사, 보조사'로 분류된다. 끝으로, **독립언**은 감탄사를 말하는데, 문장 안에서 다른 성분과 관계없이 사용된다.

3. 의미에 의한 분류

품사를 의미를 기준으로 분류하면 명사, 대명사, 수사, 관형사, 부사, 감탄사, 조사, 동사, 형용사가 있다. **명사**는 사물의 이름을 나타내고, **대명사**는 사물의 이름을 대신하여 말해 주며, **수사**는 수량이나 차례를 지시한다.

관형사는 체언 앞에서 그(체언)가 가진 뜻을 꾸며 주는 품사이며, **부사**는 용언이나 다른 부사의 앞에 놓여 그 뜻을 한정해 준다. **감탄사**는 화자(話者)의 느낌, 놀람, 대답 등을 표현한다. **조사**는 체언이나 부사, 어미 따위의 뒤에 붙어 그 말의 뜻을 도와주거나 자격을 나타내 준다.

동사는 사물의 동작이나 작용을 나타내며, **형용사**는 사물의 상태나 성질이 어떠함을 설명해 준다.

 규칙 2. 품사별로 종류와 용법을 알자

이제 의미를 기준으로 분류한 품사 각각에 대해 자세하게 살펴보자.

1. 명사

명사는 사물의 이름이나 개념을 나타내는데, 대명사 · 수사와 함께 체언으로 분류된다. 한편 명사는 구상 명사–추상 명사, 보통 명사–특수 명사, 자립 명사–의존 명사의 짝으로 분류된다.

• 구상 명사
　추상 명사

① 구상 명사(구체적인 사물에 붙인 이름. 예: 칠판)–추상 명사(구상 명사들의 특성을 종합하여 붙인 개념. 예: 교구)

② 보통 명사(같은 명사에 두루 쓰이는 명사. 예: 사람)−고유 명사(특정한 개체를 지칭하는 명사. 예: 한국 사람)

• 보통 명사
  고유 명사

우선, 명사는 수직적으로 배열되는, 개념적 계층 관계의 속성을 지닌다. 즉, '동물 → 개 → 진돗개'에서 알 수 있듯 추상적인 수준에서 구체적인 수준으로 배열될 수 있다. 다음으로 보통 명사는 같은 종류의 사물에 두루 쓰이는 명사이며, 고유 명사는 특정한 사람이나 사물의 이름을 나타내는 명사다.

한편 명사는 **자립 명사**와 **의존 명사**로 구분되는데, 전자는 다른 말의 도움을 받지 않고 홀로 쓰이는 데 반해, 후자는 독립적으로는 의미를 갖지 못하고, 수식어 밑에서 형식상으로만 쓰인다. 특히, 의존 명사는 하나의 문장이나 구절에서 단독으로 쓰이면서 의미를 온전하게 전달할 수 없기 때문에 그 앞에 수식어가 필요하다. "나는 오늘 갈 데가 없다."에서, '데'가 의존 명사로 관형어 '갈'의 수식을 받는다. 이런 이유로 의존 명사는 접사와 유사하다. 그렇지만 의존 명사와 그 앞에서 (의존 명사를) 수식하는 관형어는 독립적인 단위이기 때문에 의존 명사를 명사로 분류하고 둘을 띄어 쓴다.

• 자립 명사
  의존 명사

• 의존 명사를 띄어 쓰는
  이유는 무엇인가?

의존 명사는 **형식성 의존 명사**와 **단위성 의존 명사**로 나뉜다. 형식성 의존 명사는 실질적인 의미가 결여되어 있거나 희박한 명사를 말한다. "~할 수 있다." "그럴 줄 몰랐다."에서 밑줄 친 '수', '줄'이 그 예다. 반면에 단위성 의존 명사란 앞에 수사가 오면서 수량을 나타내는 명사다. '자동차 한 대, 개 한 마리, 물고기 두 마리, 고기 한 근'에서 밑줄 친 단어가 단위성 의존 명사다. 이에 반해 '두 사람, 세 나무, 다섯 나라'에서 '사람, 나무, 나라'는 본래 자립 명사지만 단위성 명사로 쓰인 경우다.

• 형식성 의존 명사
  단위성 의존 명사

명사는 문장에서 주어나 목적어, 보어 등으로 사용되며, 적절한 조사와 결합하여 부사어, 관형어, 서술어로도 쓰인다. 명사가 서술어로 사용되는 경우에는 보통 서술격 조사와 결합하지만, 조사 없이 명사 자체로 끝나는 명사구의 구성도 가능하다. 예컨대, '교육과정 평가 계획, 테러범 전원 소탕'처럼 조사 없이 명사가 연속되는 명사문도 가능하다.

2. 대명사

대명사는 사람이나 사물의 이름을 대신하여 나타내는 것으로, 인칭 대명사와 지시 대명사로 구분된다.

• 인칭 대명사
지시 대명사

인칭 대명사를 통해 특정 대상을 높이거나 낮추어 표현한다. '나'를 낮추어 '저'라 표현하고, '너'를 '당신'이라 높여 부른다. 그리고 '우리'를 '저희'로 낮추어 표현한다. 또 '우리'는 일인칭의 복수형으로, 말하는 사람(화자, 話者)과 듣는 사람(청자, 聽者) 모두를 포함하여 표현할 때 쓰고, '저희'는 청자를 포함하지 않을 때 쓴다. 이런 이유로 우리나라 사람끼리 대화하면서 독도를 '저희 나라 땅'이라고 말하는 것은 옳은 표현이 아니다.

한편 삼인칭을 나타내는 단어, '그'에는 '그들, 그녀들'처럼 복수 접미사 '들'을 붙인다. 의문문에서 미지칭의 대명사 '누구'는 특정한 대상을 언급할 때 쓰고, 가리키는 대상을 한정할 수 없을 때는 부정칭(否定稱)의 대명사 '아무'를 사용한다. '누구'나 '아무'는 '든지, 나, 도' 등을 붙여 사용하는 것이 일반적인 용례다.

지시 대명사는 사물과 장소 등을 가리킬 때 쓰는데, 화자와 대상물 사이의 거리에 따라 쓰는 단어가 다르다. 화자와 가까이에 있으면 '이것', 멀리 있으면 '저것'으로 표현한다. '그것'은 화자보다 청자에 가까이 있는 대상물을 지칭하거나 이미 언급한 대상물을 다시 지칭할 때 쓴다. '무엇'은 모르는 대상이나 정하지 않은 대상물에 쓴다.

장소를 지칭하는 '여기, 저기'도 사물을 지칭하는 지시 대명사 '그것, 저것'과 용법이 같다. 화자와 가까운 장소는 '여기', 화자보다 청자가 더 가까운 장소는 '저기'라 칭한다. '어디'는 장소를 정확히 알지 못할 때 사용한다.

마지막으로, '이, 그, 저'도 화자와 청자의 거리를 기준으로 특정한 사람이나

상황을 가리킨다. '이'는 현재와 가까운 사실을 말하고(이보다 좋을 수 없다), '그'
는 시간적으로 현재와 거리가 있는 사실을 가리킨다(그 일은 이미 지난 일이다).
'저'는 화자와 청자로부터 다같이 멀리 떨어져 있는 것을 지칭한다. 한편 '이'와
'그'는 앞에서 언급한 사실을 다시 반복할 때 쓰기도 한다(학령 인구가 줄고 있
다. 이는 앞으로 교원 정원이 줄어들 것을 예고한다). 또한 '이, 그, 저'는 접미사 '들'
과 결합하여 인칭 대명사로 사용되기도 한다(그들은 원래 고교평준화 정책에 반
대한 사람들이다).

3. 수사

수사는 양수사와 서수사로 구분된다. '하나, 둘, 셋 ……' 등은 사물의 수나
양을 나타내는 **양수사**(量數詞)이고, '첫째, 둘째, 셋째 ……' 등은 차례를 나타내
는 **서수사**(序數詞)다. 한편, 수사는 관형사로 쓰기도 한다. "첫째, 교육은 인간
을 대상으로 한다."에서 '첫째'는 서수사이고, "교육의 첫째 목적은 인격 형성
이다"에서 '첫째'는 '목적'을 수식하는 수 관형사로 쓰였다.

• 양수사＝ 기수사(基數詞)
  서수사

4. 관형사

관형사는 명사 앞에서 그(명사의) 뜻을 꾸미거나 한정하는 역할을 하는데,
수 관형사, 성상 관형사, 지시 관형사로 구분된다. **수 관형사**는 수사에서 그 의
미를 알아보았다. **성상**(性狀) **관형사**는 사물의 성질과 상태를 표현하여 뒤에 오
는 명사를 수식한다. **지시 관형사**는 어떤 대상을 가리키는 것으로 지시 대명사
가 그 기능을 한다. 명사를 수식하는 관형사의 쓰임을 자세히 알아보자.

첫째, 하나의 명사구에 관형사가 연속하여 나타나는 경우가 있는데, 이때 일
정한 결합 원칙이 있다. 다음 예를 보자.

• 수 관형사
  성상 관형사
  지시 관형사

① 이 헌 가방
② 그 새 책방
③ 저 세 사람

세 명사구에서 지시 관형사(이, 그, 저)는 성상 관형사(헌, 새)나 수 관형사(세) 앞에 오면서 명사(가방, 책방, 사람)나 명사구(헌 책, 새 책방, 세 사람)를 꾸민다. 예에서 지시 관형사가 직접 명사를 수식하지는 않는다('헌 이 가방'이라 할 수 없음). 지시 관형사는 다른 두 관형사에 비해 명사(구)와의 결합력이 강하지 않고, 다른 형용사를 꾸미는 것도 아니기 때문이다.

한편 **지시 관형사**가 한 음절이고, 명사도 한 음절인 경우, 띄어쓰기 규정에 따라 띄어 써야 하지만, 한 단위로 인지되면 읽기의 효율성을 고려하여 붙여 쓰는 것도 허용한다. 고로 '이 때 또는 이때', '그 곳 또는 그곳'으로 써도 무방하다.

둘째, **수 관형사**는 (수사에서 공부한 대로) 뒤에 단위성 의존 명사가 오는 경우가 많은데, 이때 중심 의미를 지닌 명사는 수 관형사와 단위 명사의 앞에 올 수도 있고, 뒤에 올 수도 있다.

○ 두 학생이 선생님을 도왔다.
○ 학생 두 명이 선생님을 도왔다.
○ 두 명의 학생이 선생님을 도왔다.

5. 부사

부사는 대개 동사나 형용사를 수식하는데, 다른 부사나 명사, 문장 전체를 꾸미기도 한다. 부사의 종류와 용법을 자세하게 알아보자.

첫째, 부사가 문장 안에서 특정 성분을 수식하는 기능을 할 때, 이를 **성분 부**

• 성분 부사

사라 한다.

① 아들을 잘 두다.

② 저리 가라.

③ 너는 매일 잠만 자냐?

④ 밀가루 음식은 안 먹는다.

⑤ 토끼가 껑충껑충 뛰어 다닌다.

⑥ 강아지가 멍멍 짖는다.

예문에서 밑줄 친 단어가 성분 부사인데 각각 성상 부사(잘), 공간 부사(저리), 지시 부사(매일), 부정 부사(안), 의태 부사(껑충껑충), 의성 부사(멍멍)이다.

둘째, 부사가 문장 성분이 아니라 문장 전체를 수식하기도 하는데, 이를 **문장 부사**라 한다.

• 문장 부사

① 정말 그는 위대한 스승이다.

② 강의식 수업은 지식을 주입하는 데 그칠 수 있다. 그러나 발문을 잘하면 고차원의 사고를 촉진할 수 있다.

③ 시험 때는 학생증 또는 주민등록증을 지참하여야 한다.

①의 '정말'은 화자의 심리를 나타내면서 문장 전체를 꾸미는 **양태 부사**다.

반면에 ②에서 '그러나'는 문장과 문장을 이어 주는 **접속 부사**이고, ③의 '또는' 은 단어와 단어를 연결하는 **접속 부사**다.

• 양태 부사
  접속 부사

셋째, 부사 중에는 명사와 형태가 동일한 단어들이 있는데, 이들 단어는 명사와 부사의 품사를 겸하는 것으로 볼 수 있다(신지영 외, 2013: 139-140). 다음의 '오늘'은 부사로, '오늘은'은 조사가 붙어 명사로 쓰였다.

• 명사와 부사를 겸하는 품사

① <u>오늘</u> 소풍 간다.
② <u>오늘은</u> 소풍 가는 날이다.

• 부정 부사

넷째, **부정 부사**에는 의지 부정과 능력 부정을 나타내는 단어가 따로 있다. 다음에서 '안'은 주어가 행동할 의지가 없을 때, '못'은 의지는 있지만 행동할 능력이 없을 때 쓴다.

① 나는 수영을 안 한다.
② 나는 수영을 못 한다.

6. 조사

• 조사
－격조사
－접속 조사
－보조사

조사는 원칙적으로 체언(명사 · 대명사 · 수사)과 결합하여, 체언이 지니는 문법적 자격(관계)을 나타내거나, 그 체언 또는 명사구의 의미를 더해 주는 기능을 한다. 조사는 격조사, 접속 조사, 보조사로 구분된다.

첫째, **격조사**는 체언이 문장 안에서 일정한 자격을 갖도록 해 주는데, 다음처럼 여러 갈래가 있다.

① 영수<u>가</u>(주격 조사) 일찍 학교에 간다.
   • 학교<u>에서</u> 장학금을 받았다.
② 영수도 그림책<u>을</u>(목적격 조사) 샀다.
③ 나는 학생<u>이다</u>(서술격 조사).
④ 교사는 단순한 직업인<u>이</u>(보격 조사) 아니다.
⑤ 저 사람은 중국<u>에서</u>(부사격 조사) 왔다.
⑥ 교사<u>의</u>(관형격 조사) 역할은 가르치는 것이다.
⑦ 유건<u>아</u>(호격 조사), 놀자.

격조사는 그 형태만으로 앞에 있는 명사가 문장 내에서 어떤 역할을 하는지 알려 준다. '은, 는, 이, 가'는 선행하는 체언이 주어의 자격을 갖고, '을, 를'이 붙으면 앞 체언이 목적어의 자격이 있다. 그래서 **주격 조사, 목적격 조사** 등으로 칭한다. 한편 "학교<u>에서</u> 장학금을 받았다."처럼, '에서'는 단체 명사와 결합할 때만 한정적으로 주격 조사로 기능한다.

보격 조사는 주격 조사와 형태가 동일하지만, 문장에 출현하는 서술어와 명사구(체언)의 위치로 주격과 보격을 구분할 수 있다. 보어의 서술어 '되다, ~아니다' 앞의 '이, 가'가 보격 조사다(신지영 외, 2013: 142). **부사격 조사**는 '장소, 시간, 비교, 도구, 공동, 인용' 등의 의미를 나타낸다. 그런데 "친구<u>가</u> 적으로 되었다." "서울<u>에서</u> 왔다."처럼 '친구가'와 '서울에서'는 부사격 조사와 결합한 명사구이지만, 문장을 구성하는 데 꼭 필요하므로 이것들을 필수적 부사어라 한다. 문장 ⑥의 관형격 조사 '의'는 역할의 주체, 대상 등을 지칭해 주는 기능을 한다. 나머지는 각 품사를 공부하면서 함께 알아보자.

둘째, **접속 조사**는 두 단어를 같은 자격으로 연결하는 조사다. '와, 과'가 대표적인 접속 조사이지만 구어체나 비격식체에서는 '하고, 랑' 등의 여러 가지가 있다.

① 나<u>와</u> 너는 친구다.
② 밥<u>이랑</u> 국이랑 먹었다.
③ 빵<u>하고</u> 우유하고 먹었다.
④ 옷<u>이며</u> 신이며 하나도 성한 게 없네.

- 격조사
 −주격 조사
 −목적격 조사
 −보격 조사
 −부사격 조사

- 접속 조사

셋째, **보조사**는 체언, 부사, 활용 어미 따위에 붙어 어떤 특별한 의미를 더해 주는 조사다.

보조사로는 '도, 는, 만, 부터, 까지, 조차, 마다, (이)나, (이)든지, (이)라도, 마저, (이)나마' 등이 있다.

① 너**마저** 나를 버리면 <u>죽음까지**도**</u> 불사하겠다.
② 빵이라도 먹었으니 <u>이렇게**나마**</u> 버티는 거야.
③ 서울<u>에서부터**라도**</u> 와라.

7. 동사

동사는 주체의 동작을 나타내는 단어로 형용사와 함께 용언에 속한다. 동사는 다른 품사를 필요로 하느냐 그렇지 않은지를 기준으로 다양하게 나뉜다. 다음 문장으로 동사에 대해 공부하자.

① 나는 <u>공부한다</u>.
② 나는 교사가 <u>되었다</u>.
③ 교사는 장학금을 <u>주었다</u>.
④ 교사는 학생에게 장학금을 <u>주었다</u>.
⑤ 교사는 학생을 과학자로 <u>만들었다</u>.

첫째, 동사는 목적어를 필요로 하느냐, 그렇지 않느냐를 기준으로 **자동사**와 **타동사**로 나눈다. 자동사는 목적어를 취하지 않는 동사이고, 타동사는 목적어를 필요로 하는 동사다. ① '공부한다'와 ② '되었다'는 모두 목적어가 필요 없는 자동사이지만, ②는 보어가 있어 불완전 자동사(다른 낱말로 보충하여야 뜻이 완전해지는 자동사)라 한다. ③과 ④는 목적어가 있으므로 '주었다'는 타동사다.

그런데 ③은 목적어 하나만 있는데, ④는 목적어와 필수적 부사어(학생에게)가
함께 온다. ⑤ '만들었다'의 경우는 목적어가 있고, 목적어와 주술관계를 나타
내는 타동사를 쓴 경우다.

둘째, 동사는 **규칙 동사**와 **불규칙 동사**로 구분된다. 규칙 동사는 동사의 어간
과 어미가 결합할 때 어간과 어미의 모습이 그대로 있거나 변하더라도 일정한
규칙을 따르는 반면, 불규칙 동사는 어간이나 어미의 모습이 변하고, 일정한
규칙으로 설명하기 어렵다.

• 규칙 동사
  불규칙 동사

셋째, 동사가 서술어와 관형사로도 쓰이고, 특정 동사는 형용사의 특성을 가
질 때도 있다. 다음 예에서, 동사 '있다, 좋아하다'는 각기 서술어로도, 관형어
로도 쓰였다.

① 내가 <u>좋아하는</u> 고양이는 집에 <u>있다</u>.
② 나는 집에 <u>있는</u> 고양이를 <u>좋아한다</u>.

넷째, 본동사에 붙어 그 의미를 제한하는 보조 동사가 있다.

① 숯이 모자라 불이 <u>꺼져</u> <u>간다</u>.
② 실수로 컵을 <u>깨뜨려</u> <u>버렸다</u>.
③ 저 친구는 너무 <u>아는</u> <u>체한다</u>.

문장 ①과 ②에서 본동사는 각각 '꺼지다, 깨뜨리다'인데, 그 뒤에 '간다'와
'<u>버리다</u>'가 붙었다. 이렇게 본동사에 보조적 연결 어미가 결합한 보조 동사가
붙는다. 이 외에 '척하다, 체하다' 등의 동사도 보조 동사로 쓰인다.

• 본동사
  보조 동사

보조 동사는 보조 형용사를 포함하는 보조 용언의 맥락에서 이해해야 한다.
보조 용언은 두 가지로 만들어진다. 연결형 보조 어미로 '아, 어'를 쓰는 경우
가 있고, 의존 명사에 '-하다, -싶다'가 붙어 보조 용언이 된다. 전자에는 ①과
②, 후자에는 ③이 해당한다.

8. 형용사

• 형용사

• 보조 형용사

형용사는 체언의 성질이나 상태를 나타내는 품사로, 서술어로 기능하기 때문에 동사와 함께 용언에 속한다.

첫째, 형용사도 동사처럼 **보조 형용사**가 있다.

① 초등학교 친구들을 <u>보고 싶다</u>.
② 이 꽃은 어제 본 꽃보다 <u>예쁘지 않다</u>.
③ 하늘을 보니 비가 올 <u>성싶다</u>.

보조적 연결 어미와 결합한 보조 형용사는 '싶다, 않다'가 대표적이다. 이중 '–않다'는 앞에 오는 본동사에 따라 보조 동사로도, 보조 형용사로도 쓰인다. ③은 의존명사에 '싶다'가 붙어 보조 형용사가 된 경우다. 이 밖에 '듯하다, 만하다, 법하다' 등의 **보조 형용사**가 있다.

둘째, 형용사의 활용도 동사처럼 규칙형과 불규칙형이 있다. 형용사의 불규칙 활용 유형과 그 대표적 형태로는 'ㅅ 불규칙(낫다), ㅂ 불규칙(아름답다, 자연스럽다, 가깝다), 르 불규칙(빠르다, 고르다, 바르다), 여 불규칙(착하다, 행복하다), 러 불규칙(누르다. 푸르다, 노르다), ㅎ 불규칙(파랗다, 조그맣다) 등이 있다(신지영 외, 2013: 149).

 규칙 3. 띄어쓰기를 익혀 실천하자

품사가 무엇인지 충분히 알았다면 띄어쓰기도 어느 정도 터득한 셈이다. 품사의 종류와 기능을 떠올리면서 띄어쓰기 요령을 차근차근 알아보자.

1. (대원칙) 단어는 띄어 쓰고, 조사는 붙여 쓴다

우리말을 수십 년 공부했어도 어디에서 띄어 써야 할지 헷갈릴 때가 많다. 몇 가지만 확실하게 익혀 두면 걱정할 필요가 없다. 그중에 가장 큰 원칙은 "단어는 띄어 쓰고, 조사는 붙여 쓰라"는 것이다. 단어란, '분리해서 자립적으로 쓸 수 있는 말'이니 당연할 것 같은데 얼른 이해되지 않을 때도 있다. 한번 다음 문장을 띄어쓰기 요령에 맞게 다시 써 보자.

• 단어 → 띄어 씀
조사 → 붙여 씀

예 철수는영희가쓴시와소설을읽은것같다.

　　└　────────────────────────

한편 조사는 앞말에 붙여 쓴다. 조사는 격조사, 접속 조사, 보조사로 나눈다는 것을 이미 공부하였다(☞ 실전 연습 2-②).

2. 의존 명사는 띄어 씀이 원칙이다

의존 명사(이, 저, 것, 바 등)는 의미적 독립성은 없으나 다른 단어 뒤에서 명사적 기능을 하므로 하나의 단어로 취급된다. 즉, 의존 명사는 문장 안에서 다른 성분의 수식을 받아야 쓰일 수 있는 명사로, 조사와 결합하거나 관형사의 수식을 받을 수 있는 등 체언으로서의 속성을 그대로 가지고 있으므로 하나의 명사로 본다. 고로 단어는 띄어 쓴다는 원칙에 따라 띄어 써야 한다.

• 의존 명사를 띄어 써야
하는 이유는?

의존 명사에는 형식성 의존 명사와 단위성 의존 명사가 있다는 것도 앞 절에서 살펴보았다. 그러니 각 문장에서 어떻게 띄어 쓰는지만 예문으로 익혀 두자.

[형식성 의존 명사의 예문]

① 나는 그곳에 있었을 뿐이다.

② 그 일을 할 줄 모른다.

③ 모자를 쓴 채 실내에 들어오지 마라.

④ 먹을 만큼 먹어라.

⑤ 그 밖에 다른 예를 들어라.

⑥ 말 한 대로 행동해라.

• '뿐' → 서술어
  '줄' → 목적어
  '채, 만큼' → 부사어

의존 명사는 문장 내에서 정해진 문장 성분으로만 쓰인다. 예컨대, '뿐'은 서술어 기능을 하고, '줄'은 목적어 기능, '채, 만큼'은 부사어의 기능을 한다.

[단위성 의존 명사의 예문]

⟮예⟯ 구두 한 켤레, 사과 두 개, 장점 두 가지, 백 원, 선생님 한 분

한편 다음 예처럼 자립 명사이면서 의존 명사(자립 명사이지만 수량을 나타내는 의미가 있는 말)로 쓰이는 단어도 있다.

⟮예⟯ 두 사람, 나무 세 그루, 음료수 세 병

3. 어떤 단어는 쓰이는 경우에 따라 품사가 달라진다

동일한 단어가 여러 품사로 쓰이는 경우가 있는데, 이때 띄어쓰기에 유의해야 한다. 특정 단어가 두 개의 품사로 쓰이는 경우를 의존 명사를 중심으로 살펴보자.

① 만	○사흘 만에 돌아왔다.-의존 명사
	○내가 너만 못하랴.-조사
② 만큼	○할 만큼 했으니 만족해.-의존 명사
	○나만큼 해 봐.-조사
③ 대로	○될 수 있는 대로 시간을 아끼자.-의존 명사
	○네 마음대로 먹어라.-조사
④ 밖	○그 밖에도 장점은 많아.-의존 명사
	○나를 사랑하는 사람은 너밖에 없다.-조사
⑤ 뿐	○그저 웃을 뿐이다.-의존 명사
	○너뿐 아니라 나도 안 했다.-조사, 접미사
⑥ 지	○공부를 시작한 지 6년이 흘렀다.-의존 명사
	○올지 말지 모른다.-접미사
⑦ 차	○갔던 차에 들렀다.-의존 명사
	○연수차 외국 사람과 결혼했다.-접미사
⑧ 데	○이 일을 처리하는 데 며칠 걸렸다.-의존 명사
	○학교에 가는데 비가 오기 시작했다-어미
⑨ 같이	○개같이 벌어서 정승같이-조사
	○비호와 같이 달린다.-부사

4. 보조 용언은 띄어 씀을 원칙으로 하되, 붙여 쓸 수 있다

앞에서 공부한 대로, 보조 용언은 다른 말에 기대어 쓰이면서 그 말에 문법적 의미를 더해 주는데, **보조 동사와 보조 형용사**로 구분된다. 보조 용언의 띄어쓰기를 살펴보자.

첫째, 의존 명사 '양, 척, 체, 만, 법, 듯' 등에 '-하다, -싶다'가 결합하여 된 보조 용언의 경우도 앞말에 붙여 쓸 수 있다.

• 보조 용언
 -보조 동사
 -보조 형용사
  ↓
 띄어쓰기를 꼼꼼히 공부하자.

① 학자인 양하다(학자인양하다)

② 모르는 체한다(모르는체한다)

③ 울 듯싶다(울듯싶다)

④ 놓칠 뻔하다(놓칠뻔하다)

둘째, 의존 명사 뒤에 조사가 붙거나 앞 단어가 합성 동사인 경우 보조 용언은 띄어 쓴다.

① 아는 체를 한다. (○) 아는체를한다. (×)

② 밀어내 버렸다. (○) 밀어내버렸다. (×)

셋째, 다음의 경우 보조 용언은 띄어 쓴다.

① 앞말에 조사가 붙은 경우

  예 잘도 놀고만 있구나. / 책을 읽어도 보자.

② 앞말이 합성동사인 경우

  예 네가 덤벼들어 보아라.

③ 중간에 조사가 들어간 경우

  예 잘난 체를 한다.

넷째, '-아/-어' 뒤에 '서'가 줄어진 형식에서는 반드시 띄어 써야 한다. 뒤의 단어가 보조 용언이 아니기 때문이다.

① 고기를 잡아 본다(잡아본다).

  예 고기를 잡아서 본다(○) ~잡아서본다(×)

② 그는 선생님을 찾아갔다(~찾아 갔다)

예 잃어버린 물건을 찾아서 갔다. (○) ~찾아서갔다. (×)

③ 그의 맘을 떠 보다(~떠보다).

    예 간장을 떠서 보니 잘 익었다. (○) ~떠서보니 잘 익었다. (×)

다섯째, 용언의 어미 '−지' 다음의 부정 보조 동사(아니하다, 못하다), 질과 양의 우열을 나타내는 '못하다'는 붙여 쓰고, 그 외의 경우는 띄어 쓴다.

① −지＋부정 보조 동사 → 먹지 못하다. 먹지 아니하다.

② 우열을 나타내는 보조 동사

   → 이것보다 못하다. 공부를 못한다.

③ 그 외 (불이 나가서) 공부를 못 하다. (배가 불러서) 저녁을 아니 먹다.

여섯째, 명사에 직접 붙어 용언을 만드는 '지다', 부사형 어미 '아, 어, 와, 워' 등에 붙어 피동을 만드는 '지다'는 윗말에 붙여 쓴다.

① 용언인 경우 → 그늘지다, 등지다, 숨지다, 살지다.

② 피동인 경우 → 엎어지다, 떨어지다, 풀어지다.

단, 명사 다음에 조사가 오면 띄어 쓴다.

예 그늘이 지다, 숨이 지다.

5. 숫자 표기의 띄어쓰기 원칙을 익히자

논술을 할 때 숫자 표기 등 단위성 명사를 어떻게 띄어 써야 하는지도 확실하게 익혀야 한다.

첫째, 단위성 명사가 순서를 나타내거나 숫자와 어울릴 때 붙여 쓸 수 있다.

○ 제일과, 제10회, 2016년 10월, 4학년, 100원, 10미터, 10개

둘째, 연월일, 시각 등도 붙여 쓸 수 있다.

① 이천십육년 구월(이천십육 년 구 월),
② 여덟시 오십분

셋째, 개년, 개월, 일, 시간 등은 붙여 쓰지 않으나, 아리비아 숫자와 어울리면 붙여 쓸 수 있다.

① 삼 년 육 개월 이십 일간 체류하였다.
② 2016년 9월

넷째, 수를 적을 때는 '만' 단위로 띄어 쓴다. 금액을 적을 때는 붙여 쓴다.

① 이십이억/ 육천만/ 칠천칠백칠십칠(22억 6000만 7777)
② 이십이억육천만칠천칠백칠십칠원

다섯째, 두 말을 이어 주거나 열거할 적에 쓰이는 말들은 띄어 쓴다.

○ 교장 겸 위원장, 열 내지 스물, 청군 대 백군, 배, 귤 등등

품사의 종류와 그 쓰임새를 알고, 이를 바탕으로 띄어쓰기 요령을 익혀도 막상 글쓰기 할 때는 정확한 것인지 자신이 없을 때가 많다. 그래서 띄어쓰기 요령을 반복해서 익히고, 글을 쓰면서 실전을 통해 확실하게 체득하는 수밖에 없다.

실전 연습

지금까지 품사의 종류와 기능, 띄어쓰기의 원칙에 대해 공부하였다. 연습문제로 배운 내용을 연습하자.

실전 1 다음 물음에 적합한 낱말을 쓰거나 간단히 서술하시오.

1. (   )란, 단어를 문법상 의미·형태·기능으로 분류한 갈래를 말한다.

2. 논술을 잘하기 위해 품사를 공부해야 하는 이유 두 가지를 쓰시오.
   ① _____
   ② _____

3. "학생의 <u>첫째</u> 임무는 공부를 열심히 하는 것이다."에서 밑줄 친 단어의 품사는 (   )이다.

4. 다음 문장에서 '어제'의 품사를 각각 쓰시오.
   ① "<u>어제</u>는 크리스마스였다." _____
   ② "<u>어제</u> 한 일이 후회스럽다." _____

실전 2 다음에 서술하거나 직접 띄어쓰기를 하시오.

1. 문장에서 독립적인 의미를 가지지 못한 채 형식상으로만 쓰이는 명사를 (   )라 하는데, 이는 앞말에 (   ) 쓰는 것이 원칙이다.

2. 국어에서 띄어쓰기의 가장 큰 원칙을 쓰고, 그에 맞게 다음 예문에 띄어쓰기를 표시(∨표시) 하시오.
   ① 대원칙: _____
   ② 띄어쓰기: 철수는영희가쓴시와소설을읽은것같다.

3. 다음 문장에서 '만큼'의 품사를 쓰고, 띄어 써야 하는지, 붙여 써야 하는지 판단(ㅇ, ✕)하시오.

　① "노력한만큼 대가를 얻는다."

　　㉠ 품사: _____, ㉡ 띄어 쓴다: _____

　② "선생님에게 만큼은 결혼 소식을 알려야 했는데"

　　㉠ 품사: _____, ㉡ 띄어 쓴다: _____

4. 다음 내용에서 띄어쓰기가 잘못된 부분을 찾아 직접 띄어쓰기를 표시(ㅇ표시)하시오.(힌트 ☞ 3곳 이상 임)

　　김영철교사는 교직 생활을 시작한지 15년만에 학년부장겸 과학부장을 맡았다.

제**3**장

문장, 어떻게 만들까

중학교 때 영어 공부를 하면서 문장의 형식을 외우느라 애쓴 경험이 있다. 그래서인지 세월이 한참 지난 지금도 자신 있게 외울 수 있다.

1형식은 주어 + 서술어

2형식은 주어 + 서술어 + 보어

3형식은 주어 + 서술어 + 목적어

4형식은 주어 + 서술어 + 간접 목적어 + 직접 목적어

5형식은 주어 + 서술어 + 목적어 + 목적 보어

왜, 문장의 형식을 공부해야 했을까? 사람들은 자신의 생각이나 감정 등을 표현하려고 글을 쓰는데, 이때 기본적이면서도 가장 작은 단위는 문장이다. 고로, '나'의 생각이나 감정을 글로 잘 표현하려면 글(생각)의 기본 단위에 해당하는 문장을 만드는 방법을 잘 알아야 한다.

규칙 1. 문장의 성분과 기본 문장을 알자

문장은 '둘 이상의 단어가 주어(主語)와 서술어(敍述語)로 짜인 글의 단위'다. 주어가 행위나 사고의 주체라면, 서술어는 주어의 행동이나 상태를 말한다. "나(주어)는 좋아한다(서술어)"처럼 주어와 서술어만 있어도 생각이나 감정을 대략적으로 표현할 수는 있다. 그렇지만 주어와 서술어만으로는 뭔가 부족하다. 그래서 문장을 잘 쓰려면, 먼저 문장을 구성하는 부분, 즉 **문장의 성분**(成分)을 알아야 한다. 이것들이 어떻게 모이느냐에 따라 문장의 형식이 달라지기 때문이다.

• 문장＝주어＋서술어

문장의 성분에는 **주성분**(주어 · 서술어 · 목적어 · 보어), **부속 성분**(수식어), 독립 성분(감탄사)이 있다. 이 중에서 **주성분**은 문장을 이루는 뼈대다. 그래서 주어, 서술어, 보어, 목적어들로만 짜인 문장을 **기본 문장**이라 한다. 영어 공부를 할 때 열심히 외웠던 문장의 5형식이 바로 그것이다. 기본 문장은 다음처럼 세 갈래가 있다.

• 문장의 성분
  −주성분 → 기본 문장
  −부속 성분
  −독립 성분

① 주어＋서술어로 된 문장
  └ 무엇이 어찌한다. 어떠하다. ㉝ 김 선생님께서 오신다.
② 주어＋보어＋서술어로 된 문장
  └ 무엇이 무엇이다. ㉝ 김 선생님은 여자다.
③ 주어＋목적어＋서술어로 된 문장
  └ 무엇이 무엇을 하다. ㉝ 김 선생님께서는 국어를 가르친다.

주성분만으로 이루어진 기본 문장은 크게 세 가지로 나눌 수 있다는 것을 알았다. 그렇다면 부속 성분이나 독립 성분은 왜 필요한 걸까? 기본 문장을 확장하면 전달하고자 하는 내용을 보다 명료하고 풍부하게 표현할 수 있다.

 규칙 2. 기본 문장을 적절하게 확장하자

기본 문장만으로 글을 쓰면 전하려는 바를 제대로 표현하기 어렵다. 그래서 문장의 확장이 필요하다.

• 문장의 확장이란?

문장의 확장이란 기본 문장에 주성분, 부속 성분, 독립 성분을 적절하게 추가하여 의미가 더 잘 통하도록 하는 것을 말한다. "나는 너를 좋아한다."라고 표현하기보다 "나는 너를 정말로(부속 성분 중 부사) 좋아한다."고 해야 좋아하는 정도를 구체적이고 분명하게 말할 수 있다. 문장을 확장하는 요령과 그 예를 보자.

① 주성분 추가

　o 교육과정을 설계할 때 교과교육을 중요하게 여겨야 한다.

　　└ 교육과정을 설계할 때 교과교육과 <u>비교과교육</u>(목적어)을 함께 중요하게 여겨야 한다.

② 부속 성분 추가

　o 선생님께서는 학생들을 사랑하신다.

　　└ <u>인자하신</u>(관형어) 선생님께서는 학생들을 사랑하신다.

③ 부속 성분 추가

　o 선생님께서는 학생들을 사랑하신다.

　　└ 선생님께서는 학생들을 <u>정말로</u>(부사어) 사랑하신다.

기본 문장에 주성분이나 부속 성분, 독립 성분을 추가하여 문장을 확장하면 표현의 단조로움을 막아 주고, 생각을 구체적이고, 정확하고, 명료하게 전달할 수 있다. 그렇지만 수식하는 말을 남발하거나 적절하지 않은 수식어를 사용하면 문장이 산만해지거나 난해해질 수 있다. 문장을 확장할 때도 절제의 미덕과 과유불급(過猶不及)의 원칙이 필요한 이유다.

• 문장을 확장하는 이유
  와 유의할 점은?

 ## 규칙 3. 단문을 결합하여 복문을 만들자

문장은 성분이 추가되어 확장되기도 하지만, 문장과 문장이 결합하여 확장되기도 한다. **문장의 결합**은 단문(주어와 서술어가 한 개씩 나오는 문장)을 묶어, 한 문장에 주어와 술어가 두 개 이상씩 들어 있는 **복문**을 만드는 것이다. 즉, 단문(홑문장)을 묶어 복문(겹문장)을 만드는 것이 문장의 결합이다.

• 문장의 결합은 무엇이
  고, 왜 하는가?

1. 문장의 결합 방식

복문은 단문의 결합 방식에 따라 대등 본문, 종속 복문, 포유 복문으로 구분된다. **대등 복문**은 두 개의 단문이 서로 격이 같은 복문이고, **종속 복문**은 하나의 단문은 주절이 되고, 다른 문장은 종속절이 되는 복문을 말한다. 그리고 **포유 복문**은 하나의 문장이 다른 문장을 안은 것이다.

• 복문의 갈래
  −대등 복문
  −종속 복문
  −포유 복문

① 대등 복문
　○ 학생은 교사를 좋아한다. (단문 1)
　○ 교사는 학생을 좋아한다. (단문 2)
　　└ 학생은 교사를 좋아하고, 교사는 학생을 좋아한다.

② 종속 복문

　○ 학생은 수업에 집중하여야 한다. (단문 1)

　○ 학생의 성적은 오를 것이다. (단문 2)

　　└ 학생이 수업에 집중하면, (그 학생의) 성적은 오를 것이다.

③ 포유 복문

　○ 교사는 학생을 좋아한다. (단문 1)

　○ 학생은 열심히 공부한다. (단문 2)

　　└ 교사는 <u>열심히 공부하는</u> 학생을 좋아한다.

　①은 두 개의 단문이 의미의 정도가 비슷하게 연결되어 하나로 결합한 대등 복문이다. 이때는 나열형 연결 어미인 '~고, ~며'를 활용하여 두 개의 단문을 결합하여 복문을 만든다. 반면에, ②는 두 개의 단문이 서로 의미의 비중이 다르게 연결되어 하나의 문장으로 결합된 종속 복문이다. 즉, 한 문장은 주절(중심적 의미)이 되고, 다른 문장은 종속절(조건 내지는 부수적 의미) 구실을 한다. 이때는 '~면', '~니까', '~나' 등의 종속적 연결 어미를 사용한다. 한편 ③은 한 문장(학생은 열심히 공부한다)이 다른 문장(교사는 학생을 좋아한다)의 부속 성분처럼 쓰인 경우인데, 이렇게 짜인 문장을 포유(안은) 복문이라고 한다. 즉, 하나는 '안은 문장', 다른 하나는 '안긴 문장'이 되는데, 안긴 문장(예에서 단문 1)은 절(節)의 형태가 된다. 예문에서 '학생은 열심히 공부한다.'는 문장이 '열심히 공부하는'으로 변해 관형어처럼 쓰이고 있다.

　그렇다면 복문을 쓰는 이유는 무엇일까? 생각을 단문으로 표현하면 간결하고 속도감이 있지만, 이를 논리적으로 전달하는 데 한계가 있다. 문장은 '생각'을 표현하는 것이고, 생각은 대개 원인과 결과의 관계를 나타내기 때문이다. 따라서 생각의 관계(인과관계 등)를 잘 나타내려면 문장을 결합하여 쓰는 습관이 필요하다.

• 복문을 쓰는 이유를 말해 보자.

2. 포유 복문의 갈래

    문장을 결합하면 생각을 논리적이고, 풍부하게 전달할 수 있다는 사실을 알았다. 복문 중에서 포유 복문이 특히 그렇다. 고로 포유 복문을 만드는 요령을 잘 활용하면 문장을 논리적이고 탄력 있게 쓸 수 있다. **포유 복문의 유형**을 알아보자.

• 포유 복문의 유형
  －명사절 형태
  －서술절 형태
  －관형절 형태
  －부사절 형태
  －인용절 형태

① 명사절 형태
- ○ <u>학생들은 서로 협력한다</u>. (단문 1)
- ○ 교사는 그러기를 원한다. (단문 2)
  - └ 교사는 <u>학생들이 서로 협력하기를</u> 원한다.

② 서술절 형태
- ○ <u>학생들은 과학을 좋아한다</u>. (단문 1)
- ○ 창의적인 학생들은 대부분 그렇다. (단문 2)
  - └ 창의적인 학생들은 대부분 <u>과학을 좋아한다</u>.

③ 관형절 형태
- ○ <u>학생들은 놀기를 좋아한다</u>. (단문 1)
- ○ 그런 학생들은 학업에 실패할 가능성이 많다. (단문 2)
  - └ <u>놀기를 좋아하는</u> 학생들은 학업에 실패할 가능성이 많다.

④ 부사절 형태
- ○ <u>수능 성적이 좋지 않았다</u>. (단문 1)
- ○ 그래서 그는 대학 진학을 포기했다. (단문 2)
  - └ 그는 <u>수능 성적이 좋지 않아</u> 대학 진학을 포기했다.

⑤ 인용절 형태

ㅇ <u>"이 문제의 정답이 무엇이야."</u> (단문 1)

ㅇ 그가 물었다. (단문 2)

└ <u>이 문제의 정답이 무엇이냐고</u> 그가 물었다.

예문은 모두 두 개의 단문이 결합하여 포유 복문으로 변한 것이지만, 밑줄 친 부분, 즉 '안긴 문장(절)'이 복문에서 하는 역할은 서로 다르다. ①은 '단문 1'이 '단문 2'에 안긴 형태를 취하여 하나의 문장으로 결합된 것인데, 안긴 문장(밑줄 친 부분)은 전체 문장에서 목적어로 쓰여 명사절이 되었다. ②는 단문 1이 밑줄 친 부분으로 변하여 전체 문장에서 서술부(절)로 쓰였다. ③은 원래 단문이었던 문장이 주어를 수식하는 형태로 쓰였다. 한편 ④는 문장이었던 밑줄 친 부분이 부사로 쓰였고, ⑤는 의문문이었던 문장이 인용절로 변한 것이다.

• 포유 복문을 쓰는 이유는?

이렇듯 포유 복문을 사용하면 문장을 단편적으로 나열하는 것을 막아 주고 문장의 개수를 줄일 수가 있다. 특히, 포유 복문을 사용하면 생각의 흐름이나 인과 관계를 보다 명료하게 표현할 수 있다.

규칙 1~3에서 우리말 문장은 자세하게 나누면 여덟 가지라는 사실을 알 수 있다(④-1~④-5는 포유 복문).

• 문장의 여덟 가지 유형을 꼼꼼히 살펴보자.

① 기본 문장─주어와 술어가 하나뿐인 단문

② 대등 복문─두 개의 단문이 하나의 복문이 되는데, 각 단문의 위치가 바뀌어도 무방한 문장

③ 종속 복문─두 개의 단문이 모여 한 문장은 주절, 다른 문장은 종속절이 되는 문장

④-1 명사절 형태의 포유 복문─두 개의 단문이 결합하여, 한 문장이 전체 문장
　　　의 명사절이 되는 문장
④-2 관형절 형태의 포유 복문─두 개의 단문이 결합하여, 한 문장이 다른 문장
　　　　안에 안겨 관형절이 된 문장
④-3 부사절 형태의 포유 복문─두 문장이 한 문장이 되어, 한 문장이 전체 문장
　　　의 부사절로 쓰인 문장
④-4 포유 복문 중 서술절 형태─두 문장이 한 문장이 되어, 한 문장이 전체 문
　　　장의 서술절로 변한 문장
④-5 포유 복문 중 인용절 형태─두 문장이 한 문장이 되어, 한 문장이 전체 문
　　　장의 인용절인 문장

 ## 규칙 4. 생각을 구분하는 습관을 들이자

글을 읽다 보면 하나의 문장에 여러 개의 생각이 뒤섞여 무엇을 이야기하고 있는지 알아채기 어려울 때가 많다. 왜 그럴까? 앞에서 문장은 생각을 표현하는 최소 단위라는 것을 알았다. 그렇다면 문장을 쓸 때 표현하고자 하는 생각을 명료하게 구분하는 것이 먼저다. 다음 문장을 잘 읽어 보자.

① 원래 글(문장)

　　"영희 어머니는 철수가 수능모의시험에서 3등급을 받은 반면에, 영희
　　는 6등급을 받아 교육학과에 진학하려는 꿈을 포기하려 하자 담임 선생님
　　께 상담을 신청하였다."

이 문장의 뜻을 헤아리기 어렵다고 할 수는 없지만 문장이 명료하다는 느낌

은 부족하다. 그렇다면 이 문장에 몇 개의 생각이 담겨 있는지 분석해 보자.

• 생각 구분하기

② 생각 구분하기
　○ 철수는 수능모의시험에서 3등급을 받았고, 영희는 6등급을 받았다.
　○ 영희가 교육학과에 진학하려는 꿈을 포기하려 한다.
　○ (그러자) 영희 어머니께서 담임 선생님께 상담을 신청하였다.

　세 개의 문장을 옆 사람과 이야기하듯 말로 표현해 보면서 그 의미를 생각해
보자. "철수와 영희가 받은 수능모의시험 결과는 어떤 현상이나 배경을 적은
것이다.", "영희가 실망하여 교사되려는 꿈을 포기하려는 생각은 영희 어머니
가 담임 선생님께 상담을 신청한 원인이 되었다." 이렇게 나누고 보니 원래 문
장에 담긴 생각은 **배경**(수능모의시험 결과) → **원인**(영희 실망) → **결과**(상담 신청)
의 연쇄적 관계를 나타낸다. 생각들의 관계를 알아냈으니 원래 글(①)을 고쳐
써 보자.

③ 고쳐 쓴 글 1
　　"수능모의시험에서 철수가 3등급을 받은 반면에, 영희는 6등급을 받았
　　다. 이에 실망한 영희가 교육학과에 진학하려는 꿈을 포기하려 하자 영희
　　어머니께서 담임 선생님께 상담을 신청하였다."

　세 개의 생각이 한 문장으로 어우러진 원래 글을 두 문장으로 나누어 썼다.
첫 번째 문장은 배경을 나타낸 것이고, 두 번째 문장은 원인과 결과를 한데 묶
어 표현한 것이다. 고쳐 쓴 글에서, 앞서 공부한 규칙 3(문장의 결합)이 또렷하
게 나타난다. 배경을 적은 첫 번째 문장에서는 두 개의 사건(철수의 수능모의시
험 등급과 영희의 수능모의시험 등급)이 동일한 수준에 있는 것이므로 대등복문
으로 표현하였다. 반면에, 두 번째 문장은 원인과 결과의 생각을 나타낸 것이

므로 종속 복문으로 표현하였다. 고쳐 쓴 글 1(③)을 다음처럼 썼다고 가정해
보자.

④ 고쳐 쓴 글 2

　　"수능모의시험에서 철수가 3등급을 받은 반면에, 영희는 6등급을 받아
　　이에 실망한 영희가 교육학과에 진학하려는 꿈을 포기하려 하였다. 그러
　　자 영희 어머니께서 담임 선생님께 상담을 신청하였다."

　고쳐 쓰기 한 글(③)과 이를 다시 고친 글(④)이 의미나 문장 형식에서 크게
다르지는 않다. 그렇지만 예문에서 영희 어머니가 담임 선생님께 상담을 신청
한 것이 중심 사건이라면 ③처럼 쓰는 것이 더 논리적이다. 원인과 결과가 함
께 있어야, 생각들의 관계가 더 잘 드러나기 때문이다.

　이처럼 자기 생각을 분석적으로 구분하는 연습을 하면, 생각의 관계를 보다
논리적으로 표현할 수 있고, 그렇게 쓰면 읽는 사람이 글쓴이의 생각을 명료하
게 이해할 수 있다. 꼭 기억하자. 장면이나 상황을 머릿속에서 구분하여 생각
하는 습관을 들이면, 글을 논리적으로 쓸 수 있다는 것을!

　글쓰기는 곧 생각하기다. 생각하기를 하고 나서(하면서) 글을 쓰자.

• 생각 구분하기를 연습
해야 하는 이유는?

• 글쓰기 = 생각하기

실전 연습

지금까지 문장의 성분과 기본 문장, 문장의 확장과 결합, 그리고 생각 구분하기를 공부하였다. 공부한 내용을 '내 것'으로 만들어 보자.

실전 1 다음 물음에 적합한 낱말을 쓰거나 간단히 서술하시오.

1. 기본 문장에 주성분이나 부속 성분을 추가하여 문장을 확장하면 좋은 점을 두 가지 쓰시오.

① _____

② _____

2. 문장의 결합이란 한 문장에 주어와 서술어가 두 개(이상)씩 들어 있는 것을 말한다. 문장을 이렇게 쓰면 좋은 이유를 세 가지 쓰시오.

① _____

② _____

③ _____

3. 문장을 쓸 때, 생각 구분하기가 중요한 이유를 세 가지 쓰시오.

① _____

② _____

③ _____

실전 2   다음 글을 읽고, 지시하는 대로 문장을 확장하시오.

1. 부속 성분 중 관형어를 추가하여 다음 문장을 확장하시오.

　○ 교사는 학생의 특성을 파악해야 한다.

　　└_____

2. 주성분 중 목적어를 추가하여 다음 문장을 확장하시오.

　○ 교사는 학생의 문제행동을 이해해야 한다.

　　└_____

3. 문장의 주어에 관형어를 추가하여 확장하시오.

　○ 학생은 스스로 공부한다.

　　└_____ 학생은 스스로 공부한다.

실전 3   두 문장을 결합하여 복문을 만드시오.

1. 대등 복문을 만드시오.

　○ 학생들은 협동학습을 좋아한다. (단문 1)

　○ 학생들은 프로젝트 수업을 좋아한다. (단문 2)

　　└_____

2. 종속 복문을 만드시오.

　○ 주의력이 부족한 학생은 수업에 집중하지 못한다. (단문 1)

　○ 주의력이 부족한 학생은 학업성취가 낮은 편이다. (단문 2)

　　└_____

3. 포유 복문을 만드시오.

　○ 교사는 학부모와 우호적인 관계를 맺어야 한다. (단문 1)

　○ 교사는 학생에 관한 정보를 정확하게 얻을 수 있다. (단문 2)

　　└_____

실전 4 단문 1과 단문 2를 읽고, 이해하기 쉽도록 포유 복문을 만들고(①), 포유 복문의 갈래(②)를 쓰시오.

1. ○ 학생들은 교사의 설명을 수동적으로 듣는 것을 싫어한다. (단문 1)

   ○ 학생들은 스스로 생각하여 실천하는 수업을 좋아한다. (단문 2)

   ① _____

   ② _____

2. ○ 효은이는 수학 숙제를 잘하지 않았다. (단문 1)

   ○ 효은이는 수학 성적이 좋지 않다. (단문 2)

   ① _____

   ② _____

3. ○ 학생들은 혼자서 공부하기를 좋아한다. (단문 1)

   ○ 장(場)독립적인 학생들은 그렇다. (단문 2)

   ① _____

   ② _____

실전 5 생각이 여러 개 담긴 예문 (1)을 읽고, 생각 구분하기(2)를 하여, 새로 고쳐 쓰시오(3).

〈예문〉

"부모들은 대개 자기 자녀가 공부를 못한다는 낙인이 두려워 과외 공부를 많이 시키려는 욕심이 있는데, 자녀들은 그것 때문에 스트레스를 받아 학교생활에 적응하지 못하는 경우가 많다."

1. 생각 구분하기(4개로 나누기)

   ① _____

   ② _____

   ③ _____

   ④ _____

2. '2'를 바탕으로, 2개의 문장으로 고쳐 쓰시오.

    ① _____

      _____

    ② _____

      _____

제**4**장

문장, 명료하게 쓸 수 없을까

왜 글을 쓰는 걸까? 글은 '나'의 생각, 감정을 표현하는 것이지만, 읽는 사람을 위해 쓴다고 해도 과언이 아니다(일기는 예외로 하고).

그렇다면 어떻게 써야 좋은 글일까? 읽는 사람이 편하게 읽을 수 있어야 잘 쓴 글이다. 읽는 사람이 쉽게 이해할 수 있도록 간단하고 명료하게 쓰는 능력을 기르자.

문장을 명료하게 써야 하는 실용적 이유는 교원 임용 시험의 논술 문제에도 나타나 있다. 답안 작성 시 유의 사항에 "글의 명료성, 타당성, 일관성을 고려하여 서술하시오." 또는 표현을 적절하게 하라고 되어 있다.

글을 읽는 사람들이 쉽게 이해하도록 문장을 명료하게 쓰는 능력, 즉 **문장력**(文章力)을 기르려면 어떻게 해야 할까?

규칙 1. 비문을 쓰지 말자

제3장에서 문장의 주성분은 주어·서술어·목적어·보어라 했고, 이들 요소만으로 된 문장을 기본 문장이라 했다. 특히, 어떤 문장이든 주어와 서술어는 항상 있게 마련이고, 목적어도 대부분 들어 있다. 따라서 문장을 명료하게 쓰려면 주어와 목적어에 적합한 서술어를 써야 한다.

그런데 글을 읽다 보면 주어와 서술어가 어울리지 않거나 목적어와 서술어가 어긋난 문장을 종종 볼 수 있다. 또 문장에 쓰인 내용들이 논리적으로 일치하지 않거나 모순인 경우도 종종 본다. 이런 문장을 비문(非文)이라 한다. 주어와 서술어가 있으니 문장의 형식은 갖추었으나, 실질적으로는 문장이 아니라는 뜻이다.

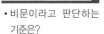

• 비문이라고 판단하는 기준은?

1. 주어와 술어를 어울리게 쓰자

문장의 뜻을 명료하게 나타내려면 주어와 서술어가 서로 어울려야(호응해야) 한다. 예문에서, ㉠은 주어와 서술어가 어울리지 않는 비문이고, ㉡은 바르게 고쳐 쓴 것이다. 밑줄 친 부분에 유의하여 읽고, 비문을 쓰지 않으려면 어떻게 할지 생각해 보자.

• 주어와 서술어의 비호응

① <u>학부모 면담은</u> 학생에 대한 양질의 정보를 <u>얻을 수 있다</u>. (㉠)
　　└ <u>학부모 면담은</u> 학생에 대한 양질의 정보를 <u>제공할 수 있다</u>. (㉡)

② <u>학생의 인성은</u> 가정교육이 잘 되어야 바르게 <u>형성할 수 있다</u>. (㉠)
　　└ <u>학생의 인성은</u> 가정교육이 잘 되어야 바르게 <u>형성될 수 있다</u>. (㉡)

③ 고교평준화를 반대하는 이유는 능력에 따른 교육기회를 막는다. (㉠)

     └ 고교평준화를 반대하는 <u>이유는</u> 능력에 따른 교육기회를 <u>막기 때문이다.</u> (㉡)

주어와 서술어가 서로 어울리게 하려면 어떻게 해야 할까?

> ① 무엇을 주어로 하고, 서술어로 할 것인지 생각하면서 글을 쓰자.
> ② 주어는 가급적 문장의 첫 머리에 두자.
> ③ 주어와 서술어를 가까이 두자.
> ④ 주어 앞에 너무 많은 수식어를 두지 말자.
> ⑤ 문장이 길어질 경우 문장을 나누어 쓰자.

앞의 요령을 생각하면서 밑줄 친 부분(주어 또는 서술어)에 유의하여 읽어 보자.

① 장애아동의 다양한 교육적 요구를 충족시키기 위해 <u>교사는</u> 개별화 교육
계획이 <u>필요하다.</u>
② ㉠ <u>교사는</u> 장애아동의 다양한 교육적 요구를 충족시키기 위해 개별화 교
육계획을 <u>수립해야 한다.</u>

    ㉡ 교사는(주어) 장애아동의 다양한 교육적 요구를 충족시켜야 한다. 이
를 위해 (교사는) 장애아동에게 맞는 개별화 교육계획을 수립해야 한다.

    문장 ①은 주어와 술어가 일치하지 않을 뿐 아니라 주어가 문장의 앞부분에
오지 않았다. 문장 ②는 문장 ①을 이해하기 좋게 고친 것이다. 주어를 맨 앞
으로 옮겼고, 서술어도 알맞게 고쳤다(㉠). 또한 문장을 두 문장으로 나누었다
(㉡). 문장 ①보다 문장 ②가 더 쉽고 의미가 분명하다.

2. 목적어와 서술어를 서로 맞게 쓰자

목적어와 서술어가 서로 어울리지 않는 문장도 비문이다. 목적어와 서술어가 호응하는 글을 쓰려면 어떻게 해야 할까? 다음 예문을 통해 그 요령을 알아보자.

• 목적어와 서술어의 비호응

① 특수교사는 장애아동의 교육적 요구를 잘 파악하기 위해 학부모 면담<u>이 필요하다.</u>
> └ 특수교사는 장애아동의 교육적 요구를 잘 파악하기 위해 학부모 면담<u>을 해야 한다</u>.

② 김 교사는 협동학습으로 학생들의 성적과 사회성을 올렸다.
> └ 김 교사는 협동학습으로 학생들의 <u>성적을 올리고</u>, <u>사회성을 키웠다</u>.

③ 연구자들은 교사들 간의 <u>협력을 통하여</u> 교육의 <u>생산성이 올라간다는</u> 연구 결과를 발표하였다.
> └ 연구자들은 교사들 간의 <u>협력이</u> 교육의 <u>생산성을 올린다</u>는 연구 결과를 발표하였다.

첫째, 목적격 조사를 알맞게 쓰자. 문장 ①에서는 대개 주격 조사인 '이'보다 목적격 조사인 '을'을 쓰는 게 좋다. 그렇게 하면 서술어도 다른 표현(~해야 한다)으로 바꾸어야 의미가 더 분명해진다. 이때 서술어를 '필요로 한다.'로 고칠 수 있으나, 이런 표현은 바람직하지 못하다.

둘째, 목적어가 두 개 이상이면 각각의 목적에 맞는 서술어를 따로 쓰자. 문장 ②에서 성적은 올리는 것이 맞지만 사회성을 '올린다'고 하면 어색하다.

셋째, 복문에서 주어와 서술어, 목적어와 서술어를 잘 일치시키자. 문장 ③은 안은 문장(연구자들은 연구 결과를 발표하였다)과 안긴 문장(교사들 간의 협력이 교육의 생산성을 올린다)으로 된 복문이다. 이렇게 한 문장이 전체 문장의 목적절인 경우에 주어와 서술어, 또는 목적어와 서술어가 잘 어울리도록 주의를 기울여야 한다. 안긴 문장을 잘 보자. 안긴 문장에서 주어(교사들 간의 협력)가 분명하도록 '~을 통하여'를 주격 조사 '이'로 고치고, 목적격 조사를 '을'로 써야 적절하다. 그리고 목적어에 맞게 서술어를 '올린다.'로 고치면 훨씬 부드럽고 의미가 분명해진다. 이처럼 복문을 쓸 때는 비문이 되지 않도록 더 세심한 주의를 기울이는 습관을 들이자.

3. 문장 내용이 논리적으로 어울리게 쓰자

• 문장 내용 간의 모순
  → 비문

문장의 내용 간에 서로 모순이 있고, 인과관계가 논리적이지 못하면 좋은 글이라 할 수 없다. 문장의 앞 내용과 뒤 내용이 모순되지 않고, 원인과 결과를 바르게 표현하며, 연결형 어미를 알맞게 쓰는 것을 **논리적 호응**이라 한다. 다음 문장으로 논리적 호응을 알아보자.

① 교직을 <u>전문직</u>으로 여기는 교사들은 학교의 목표 달성을 위해 <u>집단문화</u>가 필요하다고 생각한다.
    └ 교직을 <u>전문직</u>으로 여기는 교사들은 학교의 목표 달성을 위해 <u>혁신문화</u>가 필요하다고 생각한다.

② <u>자기주도적인 학습태도를 가진 학생도 스스로 공부하지는 않는다.</u>
    └ 자기주도적인 학습태도를 가진 학생<u>은</u> (대개) <u>스스로 공부한다.</u>

③ 교사들이 노력을 <u>하였고</u>, 학생들의 성적은 나아지지 않았다.
    └ 교사들이 노력을 <u>했지만</u>, 학생들의 성적은 나아지지 않았다.

문장 ①은 주요 내용이 서로 일치하지 않는다. 교직을 전문직이라 생각하는 사람들은 구성원들의 자율성과 창의성을 중시하기 때문에 집단적 문화보다는 혁신적 문화를 선호한다. 고로 전문직과 집단문화는 논리상으로 서로 어울릴 수 없다. 문장 ②는 주요 내용이 인과관계 측면에서 호응하지 않는다. 자기주도적인 학습태도란 스스로 공부하는 행동이나 습관을 말하기 때문이다.

한편 문장 ③은 연결형 어미가 잘못 사용된 경우다. 역접의 의미를 갖는 연결형 어미(~했지만, ~했어도)를 써야 문장의 뜻이 더 확실하게 전달된다.

결국 문장의 내용을 논리적으로 호응하도록 하려면, 적절한 개념, 낱말, 표현을 사용해야 하고, 인과관계가 분명하게 써야 한다. 또 연결형 어미도 잘 선택해서 써야 한다.

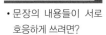
• 문장의 내용들이 서로 호응하게 쓰려면?

 규칙 2. 간단하게 쓰자

오래 기억되는 명언은 짧다. 글쓰기도 마찬가지다. 문장은 짧게 써야 한다. 문장이 너무 길거나 복잡하면 무엇을 말하는 것인지 알아채기 힘들다. 성경에도 "기도할 때에 중언부언(重言復言) 하지 말라"는 구절이 있다. 글쓰기에서도 그렇다. 간단하게 쓰라는 말을 '간단하면 명료하다'는 의미로 받아들여도 좋을 것이다. 간단하고, 명료하게 쓰려면 어떻게 해야 할까?

1. 짧게 쓰자

문장을 짧게 쓰라는 것은 그 자체가 하나의 '큰' 요령에 해당할 만큼 중요한 지침이다. 한 문장에는 하나의 생각, 하나의 메시지만 넣는 게 좋다. 그래야 문장이 짧아지고, 문장이 짧아야 읽는 사람이 글의 내용을 쉽게 파악할 수 있다. 여러 생각이 섞여 있거나, 생각이 복잡하면 한 문장에 다 쓰지 말고 나누어 쓰

자. 앞서 공부한, 문장을 쓰기 전에 생각 나누기를 하라는 것은 이를 이르는 말이다.

한 문장을 어느 정도 길이로 써야 적당할까? 딱히 하나로 말하기는 어렵지만, 한 문장이 60자를 넘지 않는 것이 좋다. 200자 원고지에서 세 줄을 넘지 않아야 짧은 문장이다. 다음 문장을 읽고, 그 의미를 생각해 보자.

• 한 문장의 적절한 길이는?

> "학교 전체 프로그램에 장애 학생의 참여를 촉진시키며, 비장애 학생에 대한 장애 학생들의 인식과 태도를 올바로 정립하게 해야 하는 한편, 교사들에게 통합교육의 의의와 장애 학생의 특성, 지도 방법을 연수시켜야 한다."

'장애 학생과 비장애 학생의 통합교육 방안'을 주제로 쓴 글이라는 것쯤은 짐작이 간다. 그런데 한 문장에 여러 생각이 섞여 있다. 생각을 어떻게 구분하면 좋을까? ① 장애 학생의 측면, ② 비장애 학생의 측면, ③ 교사의 측면으로 나누어 생각할 수 있지 않을까.

첫째, 장애 학생도 모든 프로그램에 참여하게 한다. 둘째, 장애 학생에 대한 비장애 학생의 인식과 태도를 바꾼다. 셋째, 일반 교사들에게 장애 학생의 특성, 지도 방법에 관한 연수를 받게 한다.

세 개의 문장으로 나누어 각각을 짧게 쓰니 요점이 명료해졌다. 다음 인용글에서, 글을 짧게 써야 하는 이유를 다시 새겨 보자.

> "옛사람들의 서간(書簡)에는 종종 '생각이 모자라 글이 길어졌다'며 몸을 낮춰 사죄하는 표현이 등장한다. 꼭 글이 길어야 생각과 마음을 충분히 담을 수 있는 것은 아닐지니⋯⋯."
>
> (김별아, 2012: 260)

2. 군더더기를 없애자

글을 쓸 때 강조하거나 자세하게 표현한다고, 필요하지도 않은 단어나 어휘를 나열하면 독해하는 데 되레 방해가 된다. 군더더기가 많은 글을 보면 글쓴이가 아는 체하려고 한 것은 아닌지 의심이 가기도 하고, 그 뜻을 알아채려 애쓰다 보면 짜증이 날 때도 있다.

① 교사들은 인성교육을 중심에 <u>두지 아니 할 수 없다</u>.
　　└ 교사들은 인성교육을 중심에 <u>두어야 한다</u>.

② 모의고사를 통해 나타난 약점을 파악해 보강하는 과정을 통해 부족한 부분을 다시 공부하자.
　　└ 모의고사<u>에서</u> 나타난 부족한 부분을 다시 공부하자.

③ 학생의 인권 보장은 교사의 역할의 핵심이다.
　　└ 학생 인권을 보장하는 것은 교사의 역할의 핵심이다.

강조하고 싶은 마음에 문장 ①처럼 이중부정(~하지 않을 수 없다)을 남발하는 경우가 있다. 또 그저 '~와/과'로 표현하면 될 것을 '~이거니와' 등으로 표현하는 것도 자연스럽지 못하다. 문장 ②에서 군더더기를 없애고 다시 쓴 문장을 읽으면 훨씬 명료하다. 한편 문장 ③은 외국어 표현을 해서 문장이 길어져 읽는 데 불편함을 준다. 처음 문장에서, 영어 'of'에 해당하는 '의'를 여러 번 썼으나 이를 줄이고 다시 쓴 문장을 읽으면 불편함이 해소된다. 문장에 '~에 있어서(in), ~에 관하여(on), ~에 의하여(by)'를 자주 쓰는 것도 미처 의식하지 못하는 중에 외국어 표현을 한 예다.

3. 수식어를 남발하지 말자

자신이 말하고 싶은 바를 강조하기 위해 수식어를 길게 쓰거나 여러 개의 수식어를 나열하면 문장이 늘어지고 깔끔하지 못하다. 수식어를 써서 독자들이 의미를 잘 알게 하는 것도 중요하지만 절제의 미덕을 실천하는 것도 독자를 배려하는 한 방편이다.

○ <u>모든</u> 교사가 학생들을 <u>정말로</u> 친자식처럼 사랑한다.
   ↳ <u>대부분의</u> 교사가 학생들을 친자식처럼 사랑한다.

절대적인 표현을 완화하거나(모든 → 대부분), 강조하는 표현(정말로)을 없애도 글쓴이의 생각이 충분히 드러난다. 특히, 논술에서는 절대적 표현을 하지 않는 것이 좋다. '나'의 주장이 절대 변하지 않는 진리이거나 반박할 수 없을 정도로 전혀 흠이 없다고 하기 어렵다. 지나치게 확신(?)을 가지면 괜한 논란과 거부 반응을 불러올 수도 있다. 그렇다고 너무 에둘러 표현하면 그 또한 낭패다.

4. 쉬운 용어로 쓰자

글은, 글쓴이를 위해 쓰는 게 아니라 읽는 사람을 위해 쓴다는 것을 다시 상기하자. 고객(읽는 사람)이 글의 내용을 쉽고, 편하게 알아챌 수 있도록 쓰는 것이 글 쓰는 이가 유념해야 할 예의다. 자신의 지식을 과시하려고 어려운 말을 써 현학적(衒學的)으로 표현한다 해서 좋은 글이 아니다. 읽는 사람이 쉽게 이해할 수 있어야 좋은 글이다. 매사에 그렇듯 글 쓸 때도 잘난 체하면 밉상이다.

규칙 3. 말하듯 풀어 쓰자

생각을 말로 하면 되지, 뭣 하러 글로 쓸까? 엉뚱한 질문 같지만 글쓰기가 어려울 때 한 번쯤 생각해 보는 우문(愚問)이다. 말은 대개 직접 전하니까 말하는 사람이나 듣는 사람이 훨씬 소통하기에 좋을 텐데……. 그렇지만 말은 '나'의 생각을 한 번에, 많은 사람에게 전하기 어렵고, 오래 가지도 못한다. 결국 글을 잘 쓰고 싶으면, 글 쓰는 사람과 읽는 사람이 마주 앉아 이야기하는 것처럼 말하듯 쓰면 된다.

말하듯이 글을 쓰고 싶다면 명사를 연속적으로 사용하여 문장을 만드는 습관이 있는지 검토해 보라. 다음의 잘못된 예를 고친 문장을 보자.

○ 교육과정<u>의</u> 설계<u>와</u> <u>학습동기</u> 제고 방안<u>의</u> 탐구를 위한 <u>학습조직</u> 운영이 중요하다.

    ↳ 교육과정<u>을</u> 설계하고, (학생들의) 학습동기<u>를</u> 제고하는 방안을 탐구하려면 학습조직<u>을</u> 운영<u>하는</u> 것이 중요하다.

문장을 만들 때, 명사를 계속하여 나열하여 쓰기 보다는 고친 문장처럼 명사를 서술적 낱말로 바꾸어 표현하면(교육과정<u>의</u> 설계<u>와</u> → 교육과정을 설계하고), 읽고 이해하는 데 도움이 된다. 이때 조사를 적절하게 쓰는 것도 잊지 말자.

규칙 **4. 능동적으로 표현하자**

....

　논술은 자신의 생각을 주장하는 글이므로 다른 사람에게 확신을 주어야 한다. 그러자면 문장을 쓸 때 능동적으로 표현하여야 한다. 어떤 학생들은 수동(피동)태 문장을 많이 쓰는데, 이것은 영어식 표현이다. 능동적 표현은 글을 읽는 사람에게 글쓴이가 확실히 알고 있구나 하는 느낌을 준다. 수동태 문장은 객관적인 척하면서 슬쩍 넘어가고, 도망가는 표현이라고 혹평하기도 한다. 문장을 쓸 때 반드시 수동태 문장을 써야 하는 경우가 아니라면 능동적으로 표현하는 습관을 들이자.

　o 학생들은 어쩔 수 없이 공부하게 <u>되는</u> 소극적인 자유의 모습을 <u>보인다</u>.
　　└ 학생들은 어쩔 수 없이 공부<u>하는</u> 소극적인 자유의 모습을 <u>나타낸다</u>.

　원래 문장이 이해하기 어렵지는 않지만, 수동적 표현(~를 하게 되는)을 능동적 표현(~하는)으로 바꾸었더니 더 쉽게 와 닿는다. 특히, 문장의 끝부분에서 '보인다'를 '나타낸다'로 대체하면 의미가 더 확실하다. 예에서처럼 '보인다'는 표현을 자주 쓰거나 한 술 더 떠 '보여지다'라고 쓰는 경우가 있는데 가급적 삼가거나 능동적으로 표현하는 습관을 들이자.

 규칙 **5. 한 문장에서 같은 표현을 반복하지 말자**

....

　'처갓집', '역전 앞' 이런 표현이 왜 잘못되었는지는 설명하지 않아도 알 것이다. 한 문장에 같은 어휘가 반복되면, 뭔가 자연스럽지 못하고 글쓰기 초보자(?)라는 느낌이 든다. 글 쓰는 이는 무심코 반복적인 표현을 했겠지만, 읽는 사람은 이것을 불편하게 받아들일 수 있다.

　한 문장에 같은 표현을 반복하는 경우는 주로 두 가지다. 같은 어휘를 또 쓰는 동어반복(同語反復)과 같은 의미를 다시 쓰는 동의반복(同意反復)이 있다. 동어반복보다는 동의반복이 나은 편이라고 할 수 있지만 이 또한 피하는 게 좋다.

• 동어반복
　동의반복

　① 반박할 수 없을 정도로 흠이 없다고 할 수 없다.
　　└ 반박할 수 없을 정도로 완전하다고 말하기 어렵다.

　② 우리나라 초등학생들은 수업이 끝나면 학원으로 곧바로 직행한다.
　　└ 우리나라 초등학생들은 수업이 끝나면 학원으로 직행한다.

　문장 ①에서 '(~할 수)없다'가 반복되었다. 고친 문장처럼 본래 의미를 살리면서도 같은 단어를 다른 단어로 바꾸면 읽기에 편하고 세련된 느낌을 준다. 문장 ②의 경우에 '직행(直行)한다'에 '곧바로(直)'의 의미가 있으니, 고친 내용이 동의반복을 피하면서 깔끔하다. 다음 경우를 보면서 평소 습관적으로 반복적인 표현을 얼마나 많이 하는지 검토해 보자.

　① 간단히 요약하다. → 요약하다.
　　└ 요약(要約)은 '말이나 글의 요점을 잡아 간추림(간단하게 함)'
　　　(유사) 간단히 약술하다. → 약술하다.

② 사전에 예방하다. → 예방하다.

  └ 예방(豫防)은 '질병, 재해 따위가 일어나기 전에 미리 대처해 막는 일'

  (유사) 미리 예고하다. → 예고하다.

    먼저 선취점을 얻다. → 선취점을 얻다.

③ 말로 형언할 수 없다 → 형언할 수 없다, 말로 다 할 수 없다.

  └ 형언(形言)은 '형용해 말하다.'

④ 피해를 입다 → 피해를 보았다, 피해를 입었다.

  └ 피해(被害)는 '생명, 신체, 재산, 명예 따위에 손해를 보다.'

  (유사) 피랍되다 → 납치를 당하다, 납치되다.

    └ 피랍(被拉)은 '납치를 당하다(납치되다).'

⑤ 아직 시기상조다 → 시기상조다, 아직 때가 이르다.

    └ 시기상조(時機尙早)는 '어떤 일을 하기에는 때가 이르다.'

⑥ ○○상을 수상하다 → ○○상을 받았다.

    └ 수상(受賞)은 상을 받다.

⑦ 판이하게 다르다 → 판이하다, 아주 다르다.

  └ 판이(判異)는 '비교 대상의 성질, 모양, 상태 따위가 아주 다름'

⑧ 결실을 맺다 → 열매를 맺다, 결실을 보다(거두다).

  └ 결실(結實)은 '열매를 맺거나 맺은 열매가 여묾, 또는 그 열매'

규칙 6. 수식어의 위치를 잘 정해 쓰자

'아름다운 우리나라의 사계절' 이 표현의 진정한 의미는 무엇인가? 우리나라 사계절이 뚜렷하고 아름다움을 표현하고자 함이 아닐까. 그런데 꼼꼼히 읽어 보면 시빗거리(?)가 생긴다. 수식어는 꾸밈을 받는 어휘 앞에 와야 읽기에도 좋고, 의미 전달도 잘 된다. '우리나라의 아름다운 사계절' 이렇게 해야 본래 뜻을 살린 것이다. 이처럼 수식어를 정확한 위치에 놓는 것도 글을 명료하게 쓰는 데 도움이 된다.

 ## 규칙 7. 이어 주는 말(접속사)을 남발하지 말자

이어 주는 말인 접속사는 문장과 문장 사이에 놓여 사고의 연결이나 전환을 나타내 준다. 그래서 접속사를 잘 쓰면 읽는 사람이 글의 흐름을 파악하는 데 도움을 준다. 그렇지만 이어 주는 말을 남발하면 속도 있게 읽는 데 방해가 될 수 있다. 전문 작가들이 쓴 글을 보면, 이어 주는 표현을 하지 않고도 (글이) 물 흐르는 듯 자연스럽게 진행된다. 글 쓰는 일을 업(業)으로 하지 않고서야 이렇게 한다는 게 쉽지 않지만 한 가지는 꼭 명심하자. 이어 주는 말을 쓸 때도 지나치면 부족함만 못하다.

규칙 8. 조사를 적절하게 쓰자

조사는 주어나 목적어, 보어에 붙어 그 의미를 보다 명확하게 해 준다. 친한 친구끼리 다음처럼 세 가지로 말하고선 느낌을 교환해 보자.

① 나는 너만 좋아해.
② 나는 너도 좋아해.
③ 나는 너를 좋아해.

서로 사귀는 사이라면, 어떤 표현을 가장 좋아할지는 묻지 않아도 알 수 있다. 어떤 조사를 쓰느냐에 따라 문장의 의미가 달라진다는 것을 기억하자.

 규칙 9. 바르게 표현하자

문장을 명료하게 쓰는 한 가지 방법은 상황에 맞는 표현을 하는 것이다. 저자도 학창 시절에 영어 단어 외울 때는 철자 하나하나에 온 신경을 썼지만, 정작 국어 단어를 정확하게 사용하는 데는 소홀하지 않았는지 반성할 때가 많다. 발음도 비슷하고 모양도 비슷한 단어를 문맥에 맞게 써야 글이 명료하다. 그러면 평소에 맞춤법에 관심을 갖고 꾸준히 공부하는 습관을 들여야 한다. 흔히 헷갈려하는 예를 들어 익혀 보자.

① 반드시-반듯이

　㉮ 일주일에 세 번은 (반드시, 반듯이) 운동을 하자.

　㉯ 이불을 (반드시, 반듯이) 개자.

* 반드시 = 꼭
　반듯이 = 똑바르게

　문장 ㉮, ㉯에 적합한 단어는 무엇인가? 발음도, 모양도 비슷한데, 쓰임새는 다르다. '반드시'는 '꼭'이라는 뜻이고, '반듯이'는 '똑바르게'라는 뜻이다. 이처럼 비슷하여 헷갈리는 낱말들의 목록을 만들어서 자주 써 보는 연습을 해 보면, 실제 논술을 할 때 어휘를 바르게 사용할 수 있다.

② ~하든-~하던

　㉮ 산을 가든지 바다를 (가든지, 가던지) 네가 정해.

　㉯ 네가 어렸을 때 아주 <u>쾌활했던</u> 기억이 생생하다.

* ~든 = 선택
　~든 = 과거, 회상, 상태

　예문에서 ㉮는 어느 것이 바른 표현인가? 선택형 어미 '~하든'은 나열되어 있는 대상에서 하나 또는 몇 가지를 선택하거나 어떤 일이 일어나도 상관없을 때 쓴다. 반면에 '~하던'은 과거를 회상하거나 과거의 상태를 나타낼 때 사용한다. ㉯에서 '쾌활했든'이라 쓰는 사람은 없을 것이다.

③ ~안-~못

　㉮ 나는 등산을 (안, 못) 가고 싶어요.

　㉯ 나는 피아노를 (안, 못) 쳐요.

* ~안 = 의지 없음
　~못 = 능력 없음

　문장 ㉮, ㉯에서 적합한 단어를 골라 보자. 자주 쓰는 단어지만 가끔 올바르게 사용하지 못할 때가 있다. '~안'은 의지가 없음(不意)을 나타낼 때 쓰고, '못'은 할 수 없음(不能)을 표현할 때 사용한다. 고로 ㉮는 '안 해요', ㉯는 '못 해요'의 의미다.

그런데 ㉮의 경우 어디에 위치하느냐에 따라 '않'으로 바꾸어 쓸 수 있다. ㉮를 "나는 등산을 가고 싶지 않아요"라고 표현할 수 있다. '안'이 본 동사(형용사) 뒤에 오면 보조용언으로 쓰이면서 '않'으로 바뀌었다. ㉯도 '못'의 위치가 뒤로 가면서 "나는 피아노를 치지 못해요"처럼 쓸 수 있다. 만약 '안'과 '못' 중 어느 것을 써야 할지 헷갈린다면 "나는 피아노를 칠 수 없어요"처럼, 아예 다른 표현으로 쓰는 것도 글쓰기를 잘하는 요령이다.

• ~데 = '나'의 경험
  ~대 = 들은 것

④ ~데-~대

  ㉮ 그 집 치킨이 싸고 맛있던데.
  ㉯ 그 집 치킨이 싸고 맛있대.

㉮, ㉯는 어떻게 다를까? ㉮(~데)는 내가 직접 경험한 것을 말할 때 쓴다. 실제로 먹어 봤더니 비싸지 않으면서 맛이 좋았던 느낌을 표현한 것이다. 반면에 ㉯(~대)는 다른 사람으로부터 전해들은 것을 나타낼 때 쓴다. 친구가 '맛있다고 말하더라고' 이런 의미다.

• ~로서 = 자격, 지위
  ~로서 = 수단

⑤ ~로서-~로써

  ㉮ 교장으로서 한 마디 하겠습니다.
  ㉯ 올해로써 군을 제대한 지 30년이 되었네.

㉮(~로서)는 자격, 지위 등의 뒤에 붙여 쓰는 격조사이다. ㉯는 재료, 방법, 수단 등을 의미하는 격조사이고, 예로 든 문장처럼 시간의 시점을 나타낼 때도 쓴다. 그런데 '~로서'의 경우 다양하게 쓸 수 있으니 더 신경을 쓸 필요가 있다.

한편, ㉮를 "교장이기 때문에 한 마디 하겠습니다.", 이렇게 달리 표현할 수도 있다. '때문에'를 써 의미가 통하면 '~로서'를 쓰면 무방하다. 또 "휴대폰은 검색의 도구로서 사전보다 유용할 때가 있다."라고 말할 때처럼, '~로서'를 꼭 사람에게만 쓰는 것은 아니다. 이 문장의 경우 사전에 대응하는 성격을 갖는 컴퓨터를 강조하는 것으로 '~써'를 사용하지 않아도 된다.

⑥ 띠다–따다

   ㉮ 교재에도 가끔 오자가 눈에 (띄다, 띠다).

   ㉯ 그는 늘 보수적 색깔을 (띈다, 띤다).

㉮와 ㉯에서 옳은 표현을 골라 보자. '띄다'는 '뜨이다'의 준말로 '보이다', '훨씬 두드러지다'의 의미가 있다. 반면에 '띠다'는 '가진다'는 뜻이 있다. 물건을 몸에 지닌다거나 직책, 사명을 갖는 것을 표현할 때 '띠다'를 쓸 수 있다. 감정, 성질, 관점, 색깔을 나타내는 경우에도 '띠다'로 표현할 수 있다.

⑦ 사이시옷

맞춤법에 대한 예를 들자면 끝이 없다. 앞에 말한 대로 평소에 관심을 갖는 게 중요하다. 마지막으로, 사이시옷을 써야 하는 경우를 공부해 보자. 사이시옷 활용은 은 크게 세 가지 원칙에 따른다. 이 또한 평소에 자주 익혀 몸에 배게 하면 글쓰기 달인이 되는 데 도움이 된다.

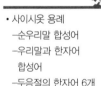

• 사이시옷 용례
  –순우리말 합성어
  –우리말과 한자어 합성어
  –두음절의 한자어 6개

사이시옷 용례

① 순 우리말 합성어

  ㉮ 된소리형–뒷말의 첫소리가 된소리가 날 경우

   • 바다**까**→바**닷**가(바다+ㅅ+가)　　• 내**까** → **냇**가(내+ㅅ+가)

   • 나무**까지**→나**뭇**가지(나무+ㅅ+가지)　• 부시**똘** →부**싯**돌(부시+ㅅ+돌)

㉯ ㄴ, ㅁ형 – 뒷말의 첫소리가 'ㄴ, ㅁ'이고, 그 영향으로 앞말의 받침에서 '된소리가 날 경우

- 내물(내+물) → **낸**물 → **냇**물
- 위마을(위+마을) → **윈**마을 → **윗**마을
- 아래이(아래+니) → 아**랜**니 → 아**랫**니
- 이몸(이+몸) → **인**몸 → **잇**몸

㉰ ㄴㄴ형 – 앞말과 뒷말에서 'ㄴ' 소리가 덧나는 경우

- 대잎(대+잎) → **댄닙** → **댓잎**
- 허드레일 → 허드**렌닐** → 허드**렛일**
- 뒤일(뒤+일) → **뒨닐** → **뒷일**
- 위잇몸 → **윈인**몸 → **윗잇**몸

② 우리말과 한자어 합성어

㉮ 된소리형 – 뒷말의 첫소리가 된소리로 나는 경우

- 귀병(귀+病) → 귀**뼝** → **귓**병
- 자리세(자리+稅) → 자리**쎄** → 자**릿**세 (나무+ㅅ+가지)
- 해수(해+數) → 해**쑤** → **햇**수
- 피기(피+氣) → 피**끼** → **핏**기

㉯ ㄴ, ㅇ형 – 앞말에서 첫소리가 'ㄴ, ㅁ'이고, 이 'ㄴ, ㅁ'의 영향으로 앞말의 'ㄴ' 소리가 덧나는 경우

- 양치물(養齒+물) → 양**친**물 → 양**칫**물
- 퇴마루(退+마루) → **퇸**마루 → **툇**마루
- 제사날(祭事+날) → 제**산**날 → 제**삿**날
- 표말(標+말) → **푠**말 → **푯**말

㉰ ㄴㄴ형 – 앞말과 뒷말에서 'ㄴ' 소리가 덧나는 경우

- 예사일 → 예**산닐** → 예**삿**일(例事+일)
- 가외일 → 가**왼닐** → 가**욋**일
- 후일(後+일) → **훈닐** → **훗**일

③ 두 음절의 한자어 여섯 개

- 곳간(庫間, 고간)
- 횟수(回數, 회수)
- 셋방(貰房, 세방)
- 찻간(車間, 차간)
- 숫자(數字, 수자)
- 툇간(退間, 퇴간)

규칙 10. 문장 고쳐 쓰기를 연습하자

　제2장에서 제4장까지 문장 쓰는 방법을 공부하였다. 아무리 원리를 알아도 실천하지 못하면 무용지물이다. 그래서 문장의 구성, 문장을 명료하게 쓰는 요령을 제대로 실천하고 있는지 스스로 점검하는 노력을 기울여야 한다. 문장을 쓰고, 그것이 제대로 쓴 것인지, 문장의 원리에 어긋나는지를 확인하여 부족한 것을 보충하는 연습을 자주 해 보자. 특히, 이 책에서는 맨 마지막 제10장에서 논술 고쳐 쓰기를 할 때 논술 구성에 관한 고쳐 쓰기를 한 후에 최종적으로 문장 고쳐 쓰기를 하도록 구성하였다.

　문장 고치기를 하다 보면, 자신도 미처 모르고 있던 잘못된 습관을 알게 된다. 문장을 고쳐 쓰는 틀은 논술 구성 고치기와 동일하지만, 문장 하나하나를 대상으로 한다는 점이 다르다. 문장 고치기 연습은 이 책의 제2장(품사), 제3장(문장 구성하기), 그리고 제4장(문장 표현하기)에 관한 규칙을 바탕으로 한다.

　문장 고치기를 할 때는 처음 쓴 글을 싣고, 이를 피드백 요령을 참고하여 교정할 점을 찾은 다음에, 고쳐 쓰는 순서로 한다. 이를 예시하면 다음과 같다.

문장 번호	처음 쓴 문장 ㄴ 고쳐 쓴 문장	셀프 피드백
①	먼저 학습자 중심인 거꾸로 수업의 **세 가지 특징이다.** 　ㄴ ……거꾸로 수업의 특징 세 가지를 설명하겠다.	• 말하듯 쓰기 • 서술어 부적합
②	첫째, 실천 중심의 **교육이 가능하다.** 　ㄴ ……실천 중심의 교육을 할 수 있다.	• 서술어 부적합

③	**같은 속도로 수업을 듣는** 것이 아니라 자신의 속도에 맞춰 공부할 수 있다. 　└ ……**수업을 같은 속도로 하는** 것이 아니라 자신의 속도에 맞춰 할 수 있다.	• 서술어 부적합 • 부사의 위치 • 비문
④	다음으로 거꾸로 학습이 학습자와 교수자에게 주는 **효과다.** 　└ ……교수자에게 주는 **효과를** 논하겠다.	• 서술어 부적합
⑤	먼저 학습자에게 주는 두 가지 **효과다.** 　└ ……두 가지 **효과에** 대해 말하겠다.	• 서술어 부적합
⑥ ⑦	첫째, 학생의 자발적 · 적극적 참여로 학습 효과를 극대화한다. **공부하지 않으면 참여할 수 없는 수업 방식이기 때문에 학생들이 자발적이고 적극적으로 참여할 수밖에 없다.** 　└ ……**자발적 · 적극적** 참여로 학습 효과를 극대화한다. 왜냐하면 수업 내용을 스스로 사전 학습해야 수업 이해력이 높아지기 때문이다.	• 문장 논리적 연계 부족 • 주장과 이유
⑧	둘째, **즉각적인 피드백이 수업 중에 이루어져서 정확한 개념을 얻는다.** 　└ 둘째, 수업 중에 즉각적인 피드백이 제공되어 개념을 정확하게 알 수 있다.	• 품사, 성분의 위치
⑨	교수자에게 주는 두 가지 **효과다.** 　└ ……두 가지 **효과를** 논하겠다.	• 비문 • 서술어는 행위 동사로 쓰기

• 서술어를 적절하게 쓰기

　문장을 셀프 피드백으로 고친 내용을 보자. 첫째, 글 쓴 학생에게는 **문장의 서술어를 적합하게 쓰는 연습이 필요하다.** 처음 쓴 글의 문장 ①, ④, ⑤, ⑨에서 목적어나 주어에 맞는 동사나 형용사로 서술어를 써야 하는데, 보격 어미(~이다)로 쓰고 있다. 서술어를 이렇게 쓰는 학생들이 간혹 있는데, 논제가 "○○은 무엇인가"라는 식으로 표현되어 있으면 거의 예외 없이 "○○은 △△이다."라는 식으로 서술하기 때문이다. 이런 오류를 피하려면 문장의 기능, 내용을 분석하는 습관을 가져야 한다. 예로 든 문장은 주장하는 기능을 한다. 그렇다면

"~(해야) 한다."는 식으로 행위를 나타내는 동사(예: 설명하겠다, 논하겠다 등)로 서술어를 표현해야 한다. 그래야 주장하는 내용이 명확하게 전달된다. 문장의 내용에 맞지 않는 서술어를 쓰면 이것 역시 비문(非文)이다.

• 행위 동사

둘째, 문장 ③과 ⑧은 **품사나 문장 성분의 위치**가 바르지 못하다. 수식어는 꾸밈을 받는 말 앞에 놓아야 한다. 문장 ③은, '같은 속도로 수업을 하는 것'이라 표현하기보다는 (부사어는 서술어 앞에 와야 하는 원칙에 따라) '수업을 같은 속도로 하는 것'이라 써야 어순을 지킨 글이다. 문장 ⑧도 동일한 맥락에서 고쳐 써야 한다. '~피드백'과 '제공되어'가 가까이 놓여야 의미 전달이 잘 된다.

품사나 문장 성분의 위치

셋째, 문장 ⑥과 ⑦은 문장 간에 **논리적 연계성**이 부족하다. 문장 ⑦을 꼼꼼히 읽어 보면 문장 ⑥과 크게 다르지 않다는 것을 알 수 있다. 특히, 문장 ⑥이 주장을 나타낸다면, 뒤이어 온 문장 ⑦은 이유나 근거를 써야 하는데, 두 문장의 관계가 명료하지 않고, 내용이 반복된 느낌이다. 그래서 문장 ⑦을 "왜냐하면 수업 내용을 스스로 사전 학습해야 수업 이해력이 높아지기 때문이다." 이렇게 고치면 주장에 대한 이유나 근거가 분명해진다. 결국 주장(문장 ⑥)-이유(문장 ⑦)의 논리적 관계가 드러나야 잘 쓴 문장이다.

문장의 논리적 연계

문장 하나하나를 검토하여 개선할 점을 찾아 새로 쓰면 어법에 어긋나지 않고, 논리적인 사고를 표현해 주기 때문에 읽기에도 좋고, 의미도 더 잘 전달된다.

실전 연습

문장을 명료하게 쓰는 규칙을 자세하게 공부하였다. 그 규칙을 얼마나 알고 있는지 확인하고, 연습해 보자.

실전 1 다음 물음에 적합한 낱말을 쓰거나 간단히 서술하시오.

1. 주어와 서술어, 목적어와 서술어가 서로 일치하지 않는 문장을 (   )이라 한다.

2. 주어와 서술어가 서로 어울리게 문장을 쓰려면 어떻게 해야 하는지 세 가지를 쓰시오.

    ① _____

    ② _____

    ③ _____

3. 문장을 명료하게 쓰는 규칙을 생각하면서, 다음 문장의 문제점을 지적하고, 바르게 고쳐 쓰시오.

    ① "문항의 내용 타당도를 확인하는 방법은 이원분류표다."

        ㉠ (문제점) _____

        ㉡ (고치기) _____

    ② "인성교육을 강화하기 위해서는 국어, 영어, 수학 중심의 대학별로 본고사를 부활해야 한다."

        ㉠ (문제점) _____

        ㉡ (고치기) _____

실전 2 다음 글을 읽고, 지시하는 대로 실천하시오.

1. 다음 내용을 읽고, 생각 나누기를 하시오.

> 교사는 교수−학습방법을 개선할 수 있는 전문적인 역량이 필요하고, 학생의 흥미와 요구에 따라 교육과정을 구성해야 하는 동시에 학생의 학습동기를 촉진하여 자신감을 갖도록 하는 방법을 찾아야 하며, 수행평가를 통해 학습과정을 피드백해야 한다.

① _____

② _____

③ _____

④ _____

2. 다음 문장을 읽고, 명료하게 고친 다음, 고친 이유를 쓰시오.

① "쉼표를 너무 남발하면 읽는 속도에 지장을 주고, 내용을 이해하는 데 장애가 된다."

㉠ (고치기) _____

_____

㉡ (고친 이유) _____

_____

② 학생들이 공부를 혼자서 할 의지가 못되면 교사가 억지라도 가리켜야 한다. (☞ 힌트−두 곳)

㉠ (고치기) _____

_____

㉡ (고친 이유) _____

_____

3. 규칙 9(바르게 표현하기)를 실천해 보자.

① 발음, 모양이 비슷한 단어 쌍을 들고, 그 활용 원칙을 설명한 다음에 실제 예문을 쓰시오.

㉠ _____와 _____

Ⓛ 활용 원칙 설명하기

_____

Ⓒ 활용 예문

   • _____

   • _____

② 사이시옷으로 표시해야 하는 단어를 들고, 그 이유를 쓰시오

   ㉠ 단어 1: _____

     ☞ 이유: _____

   ㉡ 단어 2: _____

     ☞ 이유: _____

   ㉢ 단어 3: _____

     ☞ 이유: _____

제**3**부

논리와 논증

제**5**장

논술의 기초, 어떻게 다질까

교직으로 가는 길

무릇 모든 일에는 기본이 중요하다. 집을 지을 때 기초 공사를 잘하고서, 골조를 세워야 한다. 운동 시합에서도 전술 훈련에 앞서 달리기나 유연성 등 기본 훈련을 제대로 해야 상대를 이길 수 있다.

논술도 마찬가지다. 논술은 생각하거나 주장하는 바를 글로 서술하는 것이므로 쓰기에 앞서 논리적으로 사고하고, 적절한 이유나 근거를 바탕으로 주장하는, 이른바 논증하기를 잘해야 한다. 특히, 제5장은 논술의 구성 원리를 공부하는 제8장과 직접 맞닿아 있다. 그래서 제5장과 제8장을 함께 공부하면 교원 임용 시험을 대비하는 데 좋다.

규칙 1. 논술의 특성을 비교, 이해하자

논술이란 무엇인가? 한상기(2007)는 논술을 쉽게 이해하려면 작문이나 글쓰기와 비교하여 보라고 제안한다. 사전에서 **작문**(作文)은 '글을 지음, 또는 그 글' 또는 "학생이 자기의 생각이나 감상을 글로 나타내는 일, 또는 그 글, 글짓기"로 정의하고 있다. 곧 '글을 지음', '문장을 만듦'이 작문이다. 그런데 사전 정의에서 '학생'을 정의 요소로 삼은 데 주목하면, 작문은 주로 학교 교육과정에서 학생들을 대상으로 글 쓰는 능력을 키우는 데 초점이 있다. 고등학교에서 작문이라는 과목을 별도로 두는 것도 같은 맥락이다. 결국 작문을 잘하려면 어법이나 문법에 맞게 문장이나 글을 쓰는 기초를 쌓는 것이 중요하다.

글쓰기는 쓰기 활동에 비중을 둔다(한상기, 2007: 115-116). 대학에서 글쓰기를 중요하게 여기는 것은 그것이 학문(습) 탐구의 결과물을 만들어 내는 기초적인 능력이자 그 과정이기 때문이다. 글을 쓰면서 자신의 생각을 가다듬고, 새로운 아이디어를 창출하고, 필요한 자료가 무엇인지를 판단하여 보완하고, 자신의 생각에서 부족한 점을 수정할 수 있다. 정희모와 이재성(2005)도 우리나라뿐만 아니라 미국의 대학에서도 글쓰기 교육을 중시하는 현실을 소개하면서, 글쓰기는 사고의 형성 기능과 관련이 있는 것으로, 생각을 만들어 내고, 지식을 구성하는 데 중요한 역할을 담당한다고 주장한다.

대학에서 보고서 쓰는 방법을 알려 주는 프로그램을 운영하거나 취업지원센터 등에서 고학년 학생들에게 자기소개서 쓰는 방법을 집중적으로 지원하는 것을 생각하면, 글쓰기는 일상적인 삶에서 의사소통을 잘하는 데 필요한 기초적인 소양이면서 실제적 유용성이 있는 보편적 생애 기능이다.

그렇다면 논술은 무엇인가? **논술**(論述)은 말 그대로 어떤 대상이나 주제에 대해 의견이나 주장을 논리적으로 서술하는 것이다. 여기서 '논리적'이라 함은

• 논술·작문·글쓰기는 각각 어떤 특징이 있는가?

• 논술은 무엇인가?

사물의 이치에 맞게 접근하는 (논리적인) 사고 과정을 전제로 한다. 이렇게 보면, 논술이란 논리적인 사고를 바탕으로 주장하고, 그 주장에 적절한 이유나 근거를 대면서 글을 쓰는 것이다. 결국 **논술**은 '**논리 또는 논리적 사고를 바탕으로 하는, 논증을 통한 글쓰기**'라 정의할 수 있다.

• 논술 = 논증을 통한 글쓰기

• 작문 = 어법, 문법에 초점
논술 = 주장, 문제 해결에 초점

한편 작문, 글쓰기와 비교하여 논술의 특성을 이해해 보자. 한상기(2007)는 논술에서도 어법에 맞게 문장을 쓰는 원리를 지켜야 한다는 점에서 작문 능력을 필요로 하지만 그와 동일시 될 수 없는, 특별한 유형의 글쓰기라 규정한다. 결국 작문은 어법이나 문법에 초점을 두지만, 논술은 특정 주제에 대해 문제의식을 가지고 문제를 해결하는 데 더 초점이 있다. 또한 논술은 넓은 의미의 글쓰기에 속하지만, 일기나 자기소개서 등 일반적인 글쓰기와는 다르게 논리적인 사고 과정을 바탕으로 논증을 통해 주장하거나 문제를 해결하는 목표 지향적인 글쓰기다.

 규칙 2. 논증하는 글이 무엇인지 알자

논술은 논증하는 글쓰기다. 그렇다면 논증하는 글과 그 밖의 글은 어떻게 다른지 알아보자.

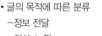

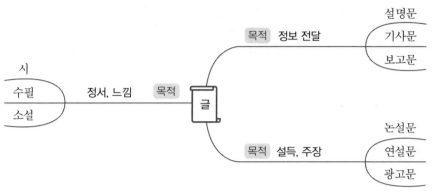

[그림 5-1] 글의 목적과 종류

　　[그림 5-1]은 초등학교 『읽기』에서 글의 종류에 따라 어떻게 읽어야 좋은지를 학습하도록 꾸민 내용을 시각적으로 표현한 것이다(신봉섭, 2009: 16). 글은 그 목적에 따라, ① 정보를 알려 주는 글, ② 설득(주장)하는 글, ③ 느낌을 표현하는 글로 나눌 수 있고, 각각은 다시 세분류된다.

• 글의 목적에 따른 분류
 －정보 전달
 －정서, 느낌
 －설득, 주장

　　한편 글은 기능에 따라 여러 갈래로 나뉜다(김보현, 2015). 사물 또는 현상을 있는 그대로 그려내는 글을 **묘사**(描寫, description)라 하고, 고정된 대상이 아니라 움직이는 대상, 즉 일어난 사건을 시간의 경과에 따라 객관적으로 서술하는 글을 **서사**(敍事, narration)라 한다. 또 주어진 사실이나 현상에 대해 그 원인을 밝히는 글을 **설명**(說明, explanation), 단순히 사실이나 현상을 기술하는 대신 어떤 주장을 내세우고 그것에 대한 근거를 제시하는 글을 **논증**(論證, argument)이라 한다. 이 중에 설명과 논증을 잘 구분해야 한다. A군과 B군에 대해 생각해 보자.

• 글의 기능에 따른 분류
 －묘사
 －서사
 －설명
 －논증

○ A군
"나는 공부를 잘하는 우등생이야. 성적우수 장학금을 받았거든. 평점은 4.5만 점에서 4.4를 받았어. 거의 모든 과목에서 만점에 가까운 점수를 받았고, 결석은 단 한 시간도 하지 않았거든."

○ B군

"나는 모범생이야. 누가 시키지 않아도 스스로 공부하거든. 학교 수업을 중요하게 생각하고 있어. 선생님께서 내주시는 숙제는 항상 열심히 해서 제출하거든."

• 설명하는 글과 논증하는 글의 비교

　　A군이 자신을 우등생이라고 말하는 내용과 B군이 자신을 모범생이라고 말하는 내용이 거의 비슷하다. 그런데 꼼꼼히 살펴보면, A군은 자신이 우등생인 이유, 즉 성적우수 장학금을 받게 된 원인을 객관적인 근거를 들어 말하고 있다. B군도 자신이 왜 우등생인지 나름대로 이유를 들어 주장하고 있다. 그런데 A군이 말한 내용은 객관적으로 증명 가능한 사실인 데 반해, B군이 말한 내용은 주관적 의견에 가깝다. 즉, A군은 사실에 기초하여 자신을 설명하는 있는데 반해, B군은 의견을 들어 주장하고 있다.

　　이로써 설명 속의 사실은 객관적인 것으로 의심의 여지없이 누구에게나 분명한데 반해, 논증 속의 주장은 논자 자신의 주관적인 의견이나 주의이기 때문에 비록 논자에게는 당연하게 여겨지더라도 다른 사람들에게는 문제가 될 수 있다(김보현, 2015: 15). 더 생각하면, 논증은 진리값이 논란의 여지가 있는 명제를 왜 믿어야 하는지 그 이유를 제공한다. 반면에, 설명은 어떤 명제의 진리값이 논란의 여지가 없을 때, 왜 그 명제가 사실인지를 말해 준다(김보현, 2015: 15). 이렇게 설명하는 글과 논증하는 글을 비교하였는데, 이쯤에서 논증이 무엇인지 정확하게 알고 넘어가자.

• 논증의 기능은 무엇인가?

　　논증(論證)은 이유, 근거, 증거를 제시하여 자신의 주장이 옳다고 주장하는 작업인데, 서로 맞서는 주장들 가운데 어떤 주장이 더 받아들일 만한지 도와주는 기능을 한다. 고로 논증은 어떤 결론(하고픈 말인 주장)을 뒷받침하는 일련의 근거나 증거를 제시하는 것이다. 즉, 논증은 주어진 사실(근거, 논거)로부터 추론(推論)을 거쳐 새로운 사실(주장, 논지, 결론)을 끌어내는 것이다.

• 논증 = 주어진 사실 →
　(추론) → 새로운 사실

이때 논증은 한 명제의 참이 다른 명제들로부터 지지(支持)되는 관계를 가진 명제들의 집합(진술)으로 표현된다. 지지되는 명제 또는 주장을 **결론**(結論, conclusion)이라 하고, 결론을 지지하는, 즉 그것(결론)의 근거를 이루는 명제를 **전제**(前提, premise)라 한다. 따라서 논증은 전제＋결론 또는 주장＋근거로 묶인 두 개 이상의 문장(명제)으로 표현된다. B군이 말한 내용으로 전제와 결론을 간추려 보자.

- 논증 = 전제 + 결론
  주장 + 근거

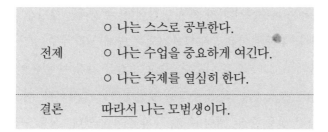

전제	○ 나는 스스로 공부한다.
	○ 나는 수업을 중요하게 여긴다.
	○ 나는 숙제를 열심히 한다.
결론	<u>따라서</u> 나는 모범생이다.

논증하는 글에서는 **지시어**(signal word)를 적절하게 쓰면 읽는 사람이 명료하게 이해할 수 있다. 따라서 어떤 글이 논증하는 글인지 파악하려면 지시어가 있는지 보고, 없으면 이를 넣어서 읽었을 때 말이 통하는지 살펴보면 된다. 한편 지시어는 전제를 알려 주는 지시어와 결론을 알려 주는 지시어가 따로 있다.

- 전제 지시어와 결론 지시어를 알아보자.

전제 지시어	결론 지시어
• 왜냐하면	• 그러므로
• 그 이유는	• 따라서
• ~을 고려하면	• 결과적으로
⋮	⋮

 규칙 3. 논증의 구성 요소를 알자

⋯⋯⋯⋯⋯⋯⋯⋯⋯⋯⋯⋯⋯⋯⋯⋯⋯⋯⋯⋯⋯⋯⋯⋯⋯⋯⋯⋯⋯⋯⋯⋯⋯⋯⋯⋯

논증은 논술을 잘하기 위한 토대라는 것을 알았다. 이제 논증을 구성하는 요소와 그들 간의 관계를 [그림 5-2]를 통해 알아보자(이상욱, 문태순, 김미애, 2011: 166).

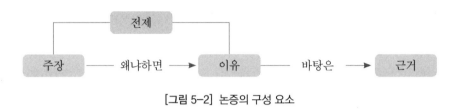

[그림 5-2] 논증의 구성 요소

1. 주장과 이유

• 주장은 이유를 뒷받침
　하는 명제
　-주요 주장
　-하위 주장

　주장과 이유는 논증에서 가장 친한 단짝이다. 주장에는 타당한 이유가 뒤따르기 때문이다. **주장**은 이유로써 뒷받침되는 명제인데, 주요 주장(mainclaim)과 하위 주장(sub-claim)으로 나뉜다. 주요 주장은 가장 큰 결론이고, 하위 주장은 주요 주장 또는 다른 하위 주장을 뒷받침하는 주장이다. 한편 주장에는 그 목적에 따라 실용 주장, 개념 주장, 가치 주장이 있다. 실용 주장은 현실적인 문제를 해결하기 위해 논증하는 것을 말하고, 개념 주장은 어떤 현상을 이해하는 데 목적이 있다. 가치 주장은 옳고 그름을 따진다.

• 이유는 주장을 뒷받침

　이유는 주장을 뒷받침하는 기능을 하는데, 주요 주장을 뒷받침하는 하위 주장이 이유가 되기도 한다. 즉, 하나의 명제가 맥락에 따라 이유가 되기도 하고, 하위 주장이 되기도 한다.

• 주장을 먼저 쓰면 좋은
　이유는?

　이제 주장과 이유를 어떻게 배열해야 좋은지 알아보자. 주장을 먼저 써야 할까, 아니면 이유를 먼저 써야 할까? 두 요소 간에 정해진 순서가 따로 있는 것은 아니다. 그렇지만 주장을 앞에 두는 게 좋다. 논술은 주장하는 글이니까 주장을 먼저 하고서 이유를 써야 주장이 논리적인지 그렇지 않은지 판단하는 데 도움이 된다. 이 점에서 주장이 확실하고 옳다고 확신하면 이유에 앞서 주장을 먼저 쓰는 게 좋다. 주장을 앞에 쓸 때는 이유를 쓰는 문장 첫머리에 '왜냐하면'이라는 논리적 접속사(전제 지시어)를 쓰는 게 좋다. "나는 너를 사랑한다. 너는 착하니까"라고 말하기보다 "나는 너를 사랑한다. 왜냐하면 너는 착하기 때문이야." 이렇게 말하는 편이 주장(너를 사랑한다)을 더 논리적으로 받아들이게 해 줄 것이다.

　물론 글쓰기 전문가들은 접속사를 사용하지 않고도 주장과 이유가 분명하게 드러나는 글을 쓴다. 또 접속사를 너무 많이 쓰면 되레 어색한 경우도 있다. 따라서 접속사를 쓰지 않는 가운데 머릿속에서는 '왜냐하면'이라는 말을 되뇌면서 주장과 이유를 연결하는 습관을 들여야 논증을 잘할 수 있다.

　한편 주장보다 이유를 앞에 쓰는 게 좋을 때도 있다. 만약 주장하는 바가 확실하지 않거나 자신이 없을 때는 이유를 쓰고 나서 그것들을 종합하여 주장을 쓰는 게 좋다. 이때는 '따라서, 그러므로' 등의 논리적 접속사를 쓰자.

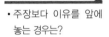
• 주장보다 이유를 앞에 놓는 경우는?

　마지막으로, 주장할 때는 자신의 생각이 분명하고 구체적으로 드러나도록 명시적인 용어를 쓰는 게 좋다. 추상적이거나 모호하게 표현하면 글쓴이의 주장을 신뢰하기 어렵다. 그렇다고 절대적인 표현을 쓰라는 것은 아니다. '틀림없이, 항상' 등보다는 상대적인 표현인 '아마도, 대개는' 등을 쓰자. 괜한 논쟁을 일으킬 필요가 없고, 100% 절대적이라고 주장하기에는 '나'의 경험과 지식이 완벽하지 않을 수 있기 때문이다.

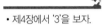
• 제4장에서 '3'을 보자.

2. 이유와 근거

　근거란 이유를 뒷받침하는 것인데, 둘은 어떻게 다른가? 이유는 글쓴이가 생각해 낸 것이고, 근거는 글쓴이가 생각해 낸 것이 아니다. 즉, 근거는 주로 직접 확인할 수 있는 구체적인 사실(통계, 예 등)을 말하고, 이유는 사실에 기초하여 생각해 낸 것이다. 따라서 이유는 근거에 비해 추상적이다.

• 이유와 근거의 차이점은?

　"나는 전쟁을 반대한다(주장). → 전쟁은 인간성을 파괴한다(이유). → 전쟁에서는 사람을 쏴 죽여도 된다(근거)." 이렇게 근거는 대부분 직접 확인할 수 있는 구체적인 사실을 표현한 것이라면, 이유는 근거를 바탕으로 글쓴이가 생각한 것이다. 이점에서 근거는 논증을 '사실'에 닻 내리도록 하는 요소라 한다.

　이유를 뒷받침하는 근거를 쓸 때는 '근거는, 증거는, 예를 들면' 등을 쓰자.

• 주장
　↓
　이유
　↓
　근거

근거를 쓸 때는 그것이 이유나 주장에 적절한 것인지 잘 판단해야 한다. 근거의 **적절성**을 판단할 때 기준이 되는 요소를 보자.

① 정확성(근거는 정확한 것인가?)
② 구체성(구체적인가?)
③ 대표성(대표적인 것인가?)
④ 신뢰성(믿을 만한가?)
⑤ 공정성(편견을 배제한 것인가?) 등

3. 전제: 주장과 이유의 매개자

• 전제 = 결론을 뒷받침
하는 명제

전제(前提)란 논리에서 추리를 할 때 결론의 기초가 되는 판단이다. 논증(전제+결론)에서, 주장을 나타내는 명제를 결론이라 하고, 이 결론을 뒷받침하기 위하여 사용된 나머지 명제들을 전제라고 한다면, 주장을 뒷받침하는 '이유나 근거'가 전제의 내용이라 할 수 있다. 앞에서 공부한 논증 모형(구성 요소), 그리고 다음 장에서 공부하게 될 논증의 형식에서도 이를 반영한다. 이렇게 이유나 근거가 곧 전제라면 쉽게 이해할 수 있어 편리하다.

그런데 [그림 5-2]에서는 전제를 주장(결론)과 이유를 매개하는 요소로 표시하고 있다. 이유가 주장을 뒷받침하고, 그 이유를 뒷받침하는 것이 근거다. 그렇다면 적절하고 타당한 근거로 뒷받침되는 이유는 주장을 확실하게 뒷받침할 수 있을까? 주장과 이유가 분명하게 연결되려면 어떻게 하여야 할까? 전제를 잘 진술해야 한다. 전제는 주장과 이유를 연결해 주는 고리 역할을 하기 때문이다.

• 전제란 무엇인가?

전제는 문제나 주제와 관련된 일반적이고 공통적인 신념이나 믿음으로, 주장과 이유가 서로 밀접한 관련이 있다는 것을 확인시켜 주는 역할을 한다. 따라서 주장이 타당하려면 이유나 근거가 적절해야 하고, 이에 덧붙여 전제가 잘 성립되어야 한다. 예를 들어 이해해 보자.

> ① 어젯밤에 (개에게) 낯선 A씨가 방문하였다.
> ② 어젯밤에 개가 짖지 않았다.
> ③ <u>A씨는 개를 훔치지 않았다.</u>

　"A씨가 개를 훔치지 않았다."는 주장(③)이 성립되거나 설득력을 가지려면 무엇이 필요할까? "개가 짖지 않았다."는 이유(근거)가 주장(③)을 완벽하게 뒷받침할 수 있을까?

　한 가지 전제, "개는 낯선 사람이 가까이 오면 짖는다."를 추가해 보자. "개는 낯선 사람이 가까이 오면 짖는 것(전제)이 일반적인 습성인데, 개가 어젯밤에 짖지 않았으니(이유) 낯선 A씨는 개를 훔치지 않았다(주장)." 이렇게 풀어 볼 수 있다. 전제를 추가하니 주장과 이유가 더 확실하게 연결된다. 꼭 알아두자. 주장(결론)과 이유가 분명하게 연결되게 하려면 전제를 잘 생각하여 써야 한다. 전제를 쓸 때는 다음 사항을 잘 생각하자.

* 전제를 쓸 때 고려할 점은?

　첫째, 다른 사람들도 일반적으로 알고 있는 내용으로 쓰자.
　둘째, 주장과 이유를 잘 연결하는지 살펴보자.
　셋째, 너무 추상적이지 않은지 검토하자.

　학생들이 쓴 전제를 보면 많은 사람이 알고 있고, 사실로 믿는 내용이지만, 너무 추상적이고 주장과 멀게 동떨어진 경우가 있다.

　① 교육의 3요소는 교사, 학생, 교육과정이다. (전제)
　② 장애 학생들은 비장애 학생들보다 발달 수준과 요구가 다양하기 때문에

(이유), 특수교사는 일반교사에 비해 개별화 수업 계획을 더 철저하게 수
립해야 한다. (주장)

교육의 3요소로 학생·교사·교육과정을 든 것은 맞지만, 개별화 수업 계획
의 필요성을 주장하는 전제로는 너무 멀다. "교육은 학생의 요구를 잘 반영하
여 운영되어야 한다." 이렇게 전제를 쓰면 주장과 이유가 확실하게 연결되고,
글을 읽는 사람들이 "아, 그렇지" 하고 수긍할 것이다.

• 전제의 의미와 기능은
무엇인가?

전제의 의미와 기능을 정리해 보자. 우선, 결론을 뒷받침하는 모든 명제를
전제라 한다면 이유나 근거도 그 내용이 될 수 있다. 그럼에도 논증의 과정에
서 주장과 이유를 포괄하거나 떠받치는 전제가 있어야 주장과 이유가 더 분
명하게 연결된다는 확신을 준다. 전제를 뜻하는 영어 단어, premise(명제)와
warrant(보증)를 떠올리면 그 의미를 더 잘 이해할 수 있다.

• 전제 = 확장된 이유

한편 전제를 이유와 주장을 하나로 묶으면서 그 범위를 넓히는 **확장된 이유**
(extended reason) 또는 '이유와 주장을 연결하는 보편적인 원칙'이라 정의하면
전제는 이유보다 일반적이고 상위의 개념으로 와 닿는다.

4. 반론 수용(예상)과 반박(재반론, 재주장)

• 반론을 예상하고 재반
론을 하는 이유는?

주장할 때 꼭 명심할 게 또 있다. 균형 잡힌 사고를 하자는 것이다. 한쪽으로
치우치지 않고 균형 있는 주장을 하려면 어떻게 해야 할까? '내'가 쓴 글을 읽는
사람들이 제기할 수 있는 반론을 예상하고 이를 수용(적절하게 대응)하는 한편
'나'의 주장이 옳다는 것을 다시 증명하기 위해 반박(재주장)을 해야 한다. 다시
말해 상대방이 제기할 수 있는 반론을 미리 떠올리고 어떻게 대응할 것인지 생
각하면서 재주장(반론)을 하면 논증을 균형 있고, 탄탄하게 할 수 있다.

앞에서 예로 든 내용을 가지고 연습해 보자. 장애 학생들은 장애 유형이 다
르고, 발달 수준이 서로 다르기 때문에 특수교사들은 수업을 개별화하는 데 더

신경을 써야 하는 것은 맞다. 그렇지만 개별화 교육은 비장애 학생들에게도 똑같이 중요하다. 그래서 개별화 수업의 필요성을 장애 학생 교육과 비장애 학생 교육으로 구분하여 경중을 따지는 것은 문제가 있다는 반론이 가능하다. 이런 반론을 예상하여, 반론을 수용하면서도 다시 주장(재반론)하는 내용을 넣어 글을 써 보자.

○ (본래 주장)
특수교사는 일반교사들보다 개별화 수업을 철저하게 계획해야 한다.

○ (반론 수용과 재주장)
① 교육은 학생 개개인의 요구를 충족해야 하므로, 모든 교사는 개별화 교육을 중시하여야 한다. (반론 수용)
② 특히, 특수교사들은 장애 유형과 발달 수준이 다양한 학생들의 요구를 반영하여 개별화 수업을 학생 맞춤식으로 철저하게 계획해야 한다. (재주장)

재주장이 길어졌지만 예상되는 반론을 반영하였고, 앞에서 한 주장을 다시 정교하게 했으니 크게 문제될 것은 없다. 이처럼 주장에 대한 반론을 예상하고, 반론을 수용하면서 재반론(재주장)을 하면 본래 주장이 견고해지고 설득력을 가질 수 있다.

 규칙 4. 논증의 네 가지 조건을 알자

앞에서 논증은 전제와 결론으로 이루어진다는 사실을 알았다. 그렇다면 논증이 갖추어야 할 조건을 살펴보자. 논증의 조건이란 논증을 할 때 염두에 두어야 할 사항이면서, 논증이 제대로 되었는지 확인하는 준거가 되기도 한다. 논증의 일반적인 특징에 대해 공부한 내용을 간추려 보자. 첫째, 논증은 전제와 결론으로 구성되어야 한다. 전제란 결론의 근거를 나타내는 주장인데, 보통 이유나 원인이 이에 해당한다. 둘째, 전제와 결론은 지지하는 관계가 성립해야 한다. 전제가 맞으면 결론도 맞다.

이제 좋은 논증의 조건을 알아보자. 탁석산(2014)은 관련성, 참, 충분성, 반론 수용과 재반박을, 논증의 조건으로 들고 있다. 반론 수용과 재반박(재주장)을 '반론 잠재우기'라 할 수 있다.

- 논증의 조건
  - 관련성
  - 참
  - 충분성
  - 반박 수용과 재반박
  (반론 잠재우기)

1. 관련성

- 관련성이란?

전제와 결론이 **관련성**이 있어야 좋은 논증이다. 관련성이 있다는 것은 무엇을 의미하는가? 전제의 참 또는 거짓이 결론의 참 또는 거짓에 영향을 주느냐의 여부로 전제와 결론의 관련성을 확인할 수 있다. 대학에서 신입생을 뽑을 때 있었던 일을 예로 들어 설명하겠다.

지원자 중에 키 작은 남학생이 있었는데 그 학생은 교사로 임용되는 데 문제가 없는지, 교육 당국(현재의 교육부)에 문의한 적이 있다. 키 큰 교사가 학생들을 더 잘 가르치고, 키 작은 교사는 못 가르친다는 증거는 없다. 즉, 키와 교사의 직무수행과는 아무 관계가 없다. 고로 전제의 참, 거짓이 결론의 참, 거짓을 결정할 때 영향을 주지 못하므로 관련성이 없다.

한편 전제가 결론과 직접 관련은 없지만 다른 전제와 관련이 있는 경우도 있다. 보기 좋은 떡이 먹기도(맛이) 좋다. 모양과 색깔이 직접적으로 맛을 결정하지는 않겠지만, 먹음직스런 모양이나 색깔은 맛있어 보여 미각, 먹고 싶은 생각을 자극하는 경우가 많다.

다음 예로 논증의 조건인 관련성을 판단해 보자.

결론	사교육을 전면 금지해야 한다.
전제	① 학교 수업이 정상적으로 운영되지 못한다. ② 사교육을 받는 학생들은 학교 공부를 소홀히 한다.

　사교육을 전면 금지해야 하는 이유(근거)로 든 전제가 적절한지 살펴보자. 학생들이 과외나 학원 수강 등으로 선행학습을 하면 학교 수업을 소홀히 하니까 교사들이 수업을 정상적으로 진행하는 데 어려움이 있을 것이라 생각할 수도 있다. 그렇지만 이를 전제만으로 사교육을 금지하는 것이 타당한가?

2. 참(진실성)

　논증은 전제와 결론은 관련성이 있어야 한다는 조건에 덧붙여 전제가 참, 즉 '사실'이어야 한다. 사교육을 받고 있는 학생들은 정말로 학교 수업을 소홀히 하는가? 실제로 조사를 해 봤더니, 사교육을 받고 있는 학생은 그렇지 않은 학생에 비해 학교 숙제를 해 오지 않거나, 수업 중에 잠을 자는 비율이 더 많다면 전제 ①과 ②는 참이다. 이처럼 전제가 참(사실)인지 확인하고 의문을 갖는 자세가 필요하다. 그래야 전제가 결론을 제대로 뒷받침할 수 있다. 이 맥락에서

• 참(진실성)이란?

결론	사교육을 전면 금지해야 한다.
전제	① 학교 수업이 정상적으로 운영되지 못한다. ② 사교육을 받는 학생들은 학교 공부를 소홀히 한다. ③ 학원에 다니는 학생들이 숙제를 해 오지 않거나 수업 중에 잠을 자는 비율은 그렇지 않은 학생들에 비해 2배 많다.

전제 ③을 추가하여 읽어 보자.

결국 전제 ③은 전제 ①, ②에 비해 사교육을 전면적으로 금지해야 하는 이유를 보다 사실적으로 뒷받침한다.

3. 충분성(확실성)

• 충분성이란?

논증이 갖추어야 할 조건으로 충분성이란 '확실하다, 결정적이다'를 뜻한다. 결론을 뒷받침하는 '결정적인' 전제가 있어야 좋은 논증이다.

사교육을 전면 금지해야 한다는 주장이 설득력이 있으려면 어떻게 해야 할까? 교육의 사회적 기능을 생각해 보자. 교육은 개인의 의지, 동기, 노력으로 사회계층을 이동하는 수단이 되어야 한다. 그런데 부모의 학력, 직업, 경제력 등 소위 유산(대물림)된 능력으로 인해 교육 기회에서 불이익을 받는다면 얼마나 불공평한가. 이런 사실을 입증하는 방편으로, 경제적으로 부유한 집의 학생들이 사교육을 더 많이 받고, 그 결과 소위 명문대학교에 더 많이 진학하게 된다는 전제 ④를 추가해 보자.

결론	사교육을 전면 금지해야 한다.
전제	① 학교 수업이 정상적으로 운영되지 못한다.
	② 사교육을 받는 학생들은 학교 공부를 소홀히 한다.
	③ 학원에 다니는 학생들이 숙제를 해 오지 않거나 수업 중에 잠을 자는 비율은 그렇지 않은 학생들에 비해 2배 많다.
	④ 동일 지역 학생 중에 사교육을 받은 학생들이 사교육을 받지 않은 학생들에 비해 S대학교 진학률이 2배 높았다.

전제 ④에서 알 수 있듯이, 동일한 교육 여건을 가진 학교의 학생들이라도

부모의 경제력이 좋은 학생들이 학원 수강이나 과외교습의 힘으로 대학 진학에서 이득을 보았다면, 이것은 분명 정의롭지 못하다. 이런 현상은 사회계층 간의 위화감을 조성하여 사회통합을 저해할 뿐 아니라 능력주의를 국가 발전의 기본 철학으로 삼고 있는 자본주의 사회의 근간을 흔들 수 있다. 이렇게 학교교육의 비정상 현상을 넘어 사회정의의 차원에서 사교육 금지의 근거를 댄다면 전제가 결론(주장)을 결정적으로 뒷받침할 수 있다.

4. 반론 수용과 재반박: 반론 잠재우기

좋은 논증을 가름하는 마지막 조건은 **반론 잠재우기**다. 좋은 논증은 입장에 따라 논쟁이 가능하고, 주장에 대해 반박(론)이 가능해야 한다. 반박이 불가능한 주제는 논증의 대상이 될 수 없다. '내'가 주장하는 바에 대해 다른 사람이 반론을 제기할 것으로 예상하고, 다시 자신의 주장이 옳다고 재주장하는 것이 반론 잠재우기인데, 이를 통해 더 좋은 논증이 될 수 있다. 따라서 무엇을 주장할 때는 반론을 잠재울 수 있는 전제를 함께 제시하여야 한다.

　사교육을 전면 금지하면 공교육이 정상적으로 운영되고, 교육 기회의 사회적 부정의가 해소될 수는 있다. 그렇지만 '알고자 하는' 학습의 욕구는 인간의 기본적 권리라고 주장(반박)할 수 있지 않을까. 또한 대학 진학보다는 순수하게 앎의 욕구를 충족하기 위해 사교육을 받는 사람도 있지 않을까. 이제 전제

• 반론 잠재우기가 무엇을 의미하는지 생각해 보자.

결론	사교육을 전면 금지해야 한다.
전제	① 학교 수업이 정상적으로 운영되지 못한다.
	② 사교육을 받은 학생들은 학교 공부를 소홀히 한다.
	③ 학원에 다니는 학생들이 수업 중에 잠을 자는 비율은 그렇지 않은 학생들에 비해 2배 많다.

> ④ 동일 지역의 학생 중에 사교육을 받은 학생들이 사교육을 받지 않은 학생들에 비해 S대학교 진학률이 2배 높았다.
> ⑤ 순수한 동기의 사교육이라도 우리나라 교육제도에서 사교육은 다른 학생의 상급 학교 진학 기회를 침해할 개연성이 있다.

⑤를 추가해 보자.

전제 ⑤는 학습의 욕구를 충족하기 위한 순수한 의미의 사교육을 인정할 수 있으나, 우리나라의 교육 현실에서 사교육은 다른 학생의 상급 학교 진학 기회를 침해하는 등 부정적으로 작용할 수 있다는 점을 밝히고 있다. 즉, 경쟁 중심의 교육 상황에서 학령기 학생들의 사교육은 필연적으로 상급 진학의 경쟁 수단으로 작용할 수밖에 없다는 일반적 인식을 강조하여 사교육을 금지하자는 주장을 펼치는 근거로 삼고 있다. 결국 학습 욕구는 개인의 권리라는 반론(주장)을 잠재우는 (재)반론을 제시하면서 주장(사교육 금지)의 당위성을 다시 강조한다.

규칙 5. 숨은 전제를 찾자

논증을 할 때 여러 전제 중 일부 전제를 생략하는 경우가 있다. 표면적으로 드러나지 않는, 즉 숨겨진 전제를 찾아 표면에 내세우면 논증을 잘할 수 있다. 다음 논증에서 **숨은 전제**를 찾아보자.

• 숨은 전제란?

전제	① 그 여배우는 감독의 딸과 나이가 같다.
	② 그 여배우는 아직 결혼을 하지 않았다.
	③ ( )
결론	감독은 비난을 받아 마땅하다.

　국제 영화계에서도 유명한 50대 후반의 영화감독과 서른 즈음의 여배우가 사랑에 빠져 해외로 잠적(?)하였다는 기사가 나자 그 남자 감독을 비난하는 여론이 일었다. 그를 비난하는 사람들은 "어떻게 딸 또래의 어린 여배우와 그럴 수 있느냐, 아직 결혼도 안 한, 미래가 창창한 여배우의 앞길을 막느냐" 하는 이유(전제 ①, ②)를 들었다.

　한번 이렇게 가정해 보자. 그 감독이 이혼한 남자라면 비난할 수 있을까? 전통적인 관념이 많이 사라진 지금 세상에서, 비록 나이 차가 있지만 남녀의 사랑을 당사자가 아닌 제3자가 왈가왈부하면 되레 고리타분하다고 빈축을 살지도 모른다. 그런데 놀랍게도 그 감독은 아직 가정을 갖고 있었다.

　앞의 논증에서 바로 "결혼 상태인 남자는 다른 여자와 사랑에 빠져서는 안 된다."는 전제가 숨어 있다. 전제 ③의 (　　)에 "남자 감독은 현재 결혼 상태이다"를 넣고 다시 읽어 보자. 그러면 영화감독이 비난을 받아야 하는 이유가 더 확실해질 것이다.

실전 연습

논술을 잘하는 데 기초가 되는 소양을 쌓기 위해 논술의 특징, 논증의 요소, 논증의 조건 등을 공부하였다. 이제 실전 훈련으로 들어가자.

실전 1 다음 물음에 적합한 낱말을 쓰거나 간단히 서술하시오.

1. 일반적으로 (   )는(은) 자신의 감정, 생각을 조리 있게 표현하고, 의사소통하는 능력에 초점이 있다면, (   )는(은) 특정 주제에 문제의식을 갖고, 논리적 사고를 바탕으로 문제를 해결하거나 주장하는 데 목적을 둔다.

2. 논증의 요소 중에 다음 세 가지를 정의하시오.
    ① 주장: _____
    ② 이유: _____
    ③ 근거: _____

3. 근거의 적절성을 판단하는 기준 중에 세 가지를 쓰시오.
    ① _____
    ② _____
    ③ _____

4. 전제의 뜻과 진술할 때 유의할 점을 두 가지 쓰시오.
    ① 뜻 _____
    ② 유의 사항
      ㉠ _____
      ㉡ _____

5. 논증의 네 가지 조건을 설명하시오.

① _____ : _____

② _____ : _____

③ _____ : _____

④ _____ : _____

실전 2 다음 글을 읽고, 자신의 입장을 정한 후 이유를 쓰시오.

현재 미국 메이저 리그에서 활동하면서 국위를 선양하고 있는 A선수가, 곧 열리는 국제야구대회 국가대표 선수로 뽑혔다. 그런데 이 선수는 몇 년 전 스포츠 도박 사건으로, 국내에서 선수로 뛸 경우 30게임 출정 정지 처분을 받았다. 한편 B선수는 메이저 리그에서 뛰어난 활약을 하는 중에 음주운전으로 물의를 일으켜 국가대표 선수 선발에서 제외되었다.

야구협회에서는 A선수의 경우 (투수가 부족한 상태에서) 확실하게 마무리를 해 줄 선수라서 어쩔 수 없이 선발하였다고 해명하였다. 야구협회에서 A선수를 선발한 것에 찬성하는가, 반대하는가? 그 이유는 무엇인가?

주장	
이유/근거	

제**6**장

논증의 형식, 어떻게 훈련할까

제5장에서 논증의 요소, 조건 등을 공부하였다. 이를 바탕으로, 제6장에서는 논증의 여러 형식을 자세하게 공부할 차례다.

교사가 되기 위해 준비하는 학생들이 논증의 형식을 공부할 필요가 있을까, 의문을 가질 수도 있다. 얼핏 생각하면 맞는 말이기도 하다. 교사 지망생들이 철학을 전공하는 학생들처럼 논리학에 대한 전문 지식을 갖기는 어렵고, 또 그만큼 필요하지도 않다. 그럼에도 논리적으로 사고하고, 논증 과정을 거쳐 글을 쓰자면 논증의 유형과 구체적인 기법을 훈련해야 한다. 논술은 논증하는 글이니까.

규칙 1. 논증의 형식을 잘 구분하자

논증의 과정, 곧 논증의 형식은 크게 연역 논증, 귀납 논증, 그릇된 논증으로 구분된다.

먼저 **연역 논증**은 연역적으로 타당한 논증이다. 즉, 전제가 옳으면 결론이 반드시 옳은 논증이 이에 해당한다. 예를 들어 생각해 보자.

○ 모든 인간은 죽는다. (대전제)

○ '나'는 인간이다. (소전제)

○ 고로, '나'는 죽는다. (결론)

모든 인간은 죽기 마련이므로 인간인 '나'도 죽는다는 결론에 도달할 수밖에 없다. 만약 두 가지 전제 중에 하나라도 그르면 결론은 부당하다. 연역 논증은, ① **필연성**(전제가 모두 옳다면 결론은 반드시 옳음), ② **비확장성**(결론의 내용은 전제 속에 이미 포함되어 있음)을 특징으로 한다.

다음으로, **귀납 논증**은 전제가 옳다면 결론은 반드시 옳은 것은 아니지만 그래도 결론은 옳음직한 경우다. 예를 들어 보자.

○ 무인 자동차가 등장하였다. (전제)

○ 자동차 운전 직업은 없어진다. (결론)

최근 과학기술의 발달로 무인(無人) 자동차가 등장하였다. 그래서 앞으로 사람이 자동차를 운전하지 않아도 되는, 영화 같은 시대가 올 수 있다. 그러면 자동차를 운전하여 먹고 사는 직업(택시 기사나 대리운전 기사 등)은 없어질 개연

• 연역 논증
 −전제가 참이면
  결론도 참
 −필연성 + 비확장성

• 귀납 논증의 특징 = 확장성 + 개연성

성은 있다.

이 논증을 보면, 연역 논증과는 다르게 결론이 전제에 들어 있지 않은 내용을 주장하고 있다. 따라서 전제가 옳다면 결론도 옳을 수는 있어도 반드시 옳다고 말하기는 어렵다. 이런 특성을 개연성과 확장성이라 한다. 즉, 귀납 논증에서 결론은 전제 속에 없는 내용을 주장할 수 있고(확장성), 전제가 옳다면 결론도 옳을 확률은 많지만(개연성) 반드시 옳은 것은 아니다.

마지막으로, **그릇된 논증**은 전제가 옳다고 해도, 전제와 결론 사이에 아무 관련이 없거나 결론이 그를 가능성이 있다. 예를 들어 보자.

● **그릇된 논증**

○ ○○대학교는 기독교 교단에서 세웠다. (전제)
○ ○○대학교 교직원은 기독교 세례인이다. (전제)
○ ○○대학교 학생들은 기독교 세례를 받아야 한다. (결론)

○○대학교는 기독교 교단에서 기독교 정신을 바탕으로 설립하였고, 기독교 세례를 받은 사람들만 교수와 직원으로 채용한다. 따라서 전제는 모두 사실이다. 그렇다고 이 학교에 입학하는 학생들은 기독교 세례를 받아야 한다고 주장할 수는 없다. 두 전제와 결론은 아무 연관성이 없고, 전제가 옳다고 하여도 결론이 옳다고 말하기는 어렵다.

논증의 유형을 세 가지로 알아보았다. 그런데 마지막 '그릇된 논증'이라 예외로 하고, **연역 논증**과 **귀납 논증**의 기능을 비교해 보자.

● **연역 논증과 귀납 논증을 비교해 보자.**

연역 논증은 전제의 내용을 명백하게 드러내는 일을 의도하고 있는 데 비해, 귀납 논증은 지식을 더 확장시키는 일을 한다. 이 점 때문에 연역 논증은 전제의 내용 확장을 포기함으로써 전제와 결론 사이의 필연성을 획득하는 반면에, 귀납 논증은 전제와 결론 사이의 필연성을 포기함으로써 전제의 내용을 확장하게 된다. 연역 논증은 완전히 성공하거나 실패하거나 둘 중 하나다. 그래서 성공한 논증은 타당한 논증이 되고, 실패한 논증은 부당한 논증이 된다. 고로 연역 논증의 타당성에 정도의 문제란 있을 수 없다. 하지만 귀납 논증은 전제가 결론에 제공하는 입증의 정도가 다를 수 있다. 요컨대, 연역 논증의 필연성(necessity)에는 정도 문제가 없지만, 귀납 논증의 전제가 결론에 부여할 수 있는 개연성(probability)에는 정도의 문제가 있을 수 있다(한상기, 2011: 266-267).

 ## 규칙 2. 연역 논증을 공부하자

1. 연역 논증의 특징

논리적으로 사고하고, 글 쓰는 데 유용한 논증 기법에는 여러 가지가 있다. 그중에서 연역 논증은 가장 기본적이고 확실한 논증 수단이다(채석용, 2011: 73). 다음 논증을 보자.

○ 두 대학에 동시에 재학할 수 없다. (전제 1)
○ 하경은 현재 A대학교 2학년 학생이다. (전제 2)
○ 하경은 B대학교 재학생이 아니다. (결론)

이 논증은 두 개의 전제와 하나의 결론으로 이루어졌다. 만약 두 개의 전제가 참이라면, 결론은 반드시 참일 수밖에 없다. 고로 앞의 논증은 타당하다. 이처럼 연역 논증은 모든 전제가 옳다면, 결론은 반드시 옳다는 필연성을 갖는 논증 형식이다. 연역 논증을 더 이해하기 위해 다음 예를 보자.

○ 과학자는 모든 것을 알 수 있다. (전제 1)
○ 나는 과학자다. (전제 2)
○ 고로 나는 모든 것을 알 수 있다. (결론)

이 논증은 타당한가? 결론부터 말하면 타당하다. 왜냐하면 연역 논증은 전제들을 참이라고 가정하고, 그 형식만 따지기 때문이다. 그런데 타당하다고 받아들이기에는 뭔가 부족한 느낌이 있다. 전제가 참이라고 가정하기 어렵기 때문이다. 이처럼 연역 논증은 전제들이 참이라고 가정하고, 형식만 따지는 논증이기 때문에 전제의 내용에 문제가 있다면 좋은 논증이라 할 수 없다.

• 연역 논증의 세 가지 속성을 정리해 보자.

채석용(2011: 79)은 **연역 논증**의 속성을 다음처럼 설명한다. 첫째, 연역 논증은 전제들의 진실성에 확신이 들 때, 그 전제들을 토대로 자신의 주장을 더욱 분명히 드러내는 수단으로만 활용되어야 한다. 둘째, 연역 논증은 전제들을 참이라 가정하고 형식의 타당성만을 따지기 때문에 논증 과정 자체의 참, 거짓 유무를 명백하게 따질 수 있는 논증 수단이다. 즉, 연역 논증을 활용하면 그 논증 과정이 100% 타당하거나 전혀 타당하지 않거나, 둘 중 하나다. 셋째, 연역 논증은 새로운 정보를 다루지 않는다. 이미 확보된 정보들을 재배열해 효과적으로 결론을 도출하는 형식을 취한다. 이 점에서 채석용은 연역 논증을 퍼즐 게임에 비유한다.

• 연역 논증의 형식
 −조건 논증
 −선언 논증
 −귀류 논증
 −딜레마 논증

연역 논증의 특성을 이해하였으니, 이제 구체적인 방법을 알아보자. 연역 논증에는 조건 논증, 선언 논증, 귀류 논증, 그리고 딜레마 논증이 있다.

2. 조건 논증: 전건 긍정법과 전건 부정의 오류

• 조건 논증이란?

조건 논증을 이해하기 위해서는 가언(假言) 명제 또는 조건(條件) 명제를 먼저 알아야 한다. **가언 명제**는 '만약 ~라면'처럼 가정법을 써서, 연결사에 의해 두 개의 단순 진술이 하나로 결합되는 것이다. "나는 가수다."와 "나는 예술가다."라는 두 개의 단순 진술이 결합하여, "만일 내가 가수라면(A), 나는 예술가다.(B)"라고 가정법을 써서 표현하는 것이 가언 명제(진술)다. 이 중 앞부분(A)을 **전건**(前件), 뒷부분(B)을 **후건**(後件)이라 한다.

조건 논증은 두 개의 전제와 하나의 결론으로 이루어지는데, 첫 번째 전제에 가언(조건) 명제가 나오고, 두 번째 전제에 단순 진술이 등장한다. 조건 논증에는, ① 전건 긍정법, ② 후건 부정법이 있다.

• 조건 논증의 구성
 −전제 1 → 가언(조건)
 　명제
 −전제 2 → 단순 진술
 −결론

1) 전건 긍정법

전건 긍정법–좋은 예

(대전제)　교사가 수업목표를 세분하여 제시하면(A), 학생들은 학습목표를 명료하게 이해할 것이다(B).

(소전제)　교사가 수업목표를 세분하여 제시하였다(A).

(결론)　　따라서 학생들은 틀림없이 학습목표를 명료하게 이해했을 것이다(B).

• 전건 긍정법이란?

　전건 긍정법이란 대전제의 전건(A)이 긍정되면, B라는 결론이 도출되는 것을 말한다. 학생들이 학습목표를 제대로 이해하는 방법에는 여러 가지가 있을 수 있다. 그중에 수업목표의 세분화는 학생들이 학습목표를 잘 이해하도록 활용하는 대표적인 교수 기술이다. 교사가 수업목표를 세분하여 제시하였다면(A), 학생들은 틀림없이 학습목표를 명료하게 이해하였을 것이다(B).

　그런데 이러한 전건 긍정법은 연역 논증의 일반적 특징이 그런 것처럼 형식의 타당성만을 따지기 때문에 옳지 않은 주장을 정당화하는 데 잘못 쓰일 수도 있다. 다음 예를 보자.

전건 긍정법–나쁜 예

(대전제)　학생들이 스스로 열심히 공부하면(A),
　　　　　외적 보상은 필요하지 않을 것이다(B).

(소전제)　학생들은 스스로 열심히 공부하였다(A).

(결론)　　고로 학생들에게 외적 보상은 필요하지 않다(B).

앞의 논증은 전건 긍정법의 형식에 부합하지만, 가언 명제(대전제)를 받아들이기 어렵다. 따라서 전건(소전제)이 긍정되었다 하여도 결론을 정당화하기는 힘들다. 학생들이 자기주도적으로 공부하였다고 하여 칭찬이나 상 등 외적 보상이 필요하지 않다는 주장은 교육의 논리에 맞지 않는다. 결국 전건 긍정법은 논증의 형식이 타당한지는 확인시켜 주지만, 가언 명제가 진실한 것인지는 알려 주지 못한다. 고로 전건 긍정법은 가언 명제의 진실성이 확실하여야 좋은 논증이다.

2) 전건 부정의 오류

• 전건 부정의 오류란?

가언 명제의 전건을 긍정함으로써 후건(결론)이 참(진실)임을 주장하는 것이 타당하며, 이를 전건 긍정법이라 하였다. 그렇다면 가언 명제의 전건을 부정함으로써 후건이 참이 아니라고 주장할 수 있을까? 결론부터 말하면 그것은 타당하지 않다. 다음 예를 보자.

전건 부정의 오류

(대전제) 교사가 수업목표를 세분하여 제시하기만 하면(A),
　　　　　학생들은 학습목표를 명료하게 이해할 것이다(B).

(소전제) 교사가 수업목표를 세분하여 제시하지 않았다(not A).

(결론)　 따라서 학생들은 학습목표를 명료하게 이해하지 못한 것이 틀림없다(not B).

이 논증은 오류다. 교사가 수업목표를 세분하여 제시하면 학생들이 학습목표를 더 잘 이해한다. 그러나 교사가 수업목표를 세분하지 않았다고 해서 학생들이 분명 학습목표를 이해하지 못한다는 법은 없다. 학생들이 학습목표를 이해하는 통로는 다양하기 때문이다. 특히, '제시하기만'이라는 표현은 진실성에

도 문제가 있다. 결국 예처럼 가언 명제의 전건을 부정함으로써 후건을 무리하
게 부정하려는 시도는 타당하지 않다. 이를 전건 부정의 오류라 한다.

3) 후건 부정법

가언 명제의 후건을 부정함으로써 전건을 부정하는 논증 방식을 **후건 부정법**
이라 한다.

• 후건 부정법이란?

후건 부정법

(대전제) 교사가 수업목표를 세분화하여 제시하면(A),
　　　　　학생들은 학습목표를 명료하게 이해할 것이다(B).
(소전제) 학생들은 학습목표를 명료하게 이해하지 못하였다(not B).
(결론)　따라서 교사는 수업목표를 세분화하여 제시하지 않은 것이 틀림없
　　　　　다(not A).

앞의 논증은 대전제(가언 명제)의 후건을 부정함으로써 전건을 부정하는 형
식을 취하였으므로 후건 부정법을 제대로 활용한 것이다. 그렇지만 가언 명제
의 진실성을 확언할 수 있을까? 교사가 수업목표를 세분화하여 제시해도 학생
들이 학습목표를 제대로 이해하지 못하는 경우는 얼마든지 있을 수 있다. 학습
의욕이나 동기가 없는 학생, 주의집중을 하지 않는 학생들은 수업목표를 아무
리 나누어 제시하여도 학습목표를 명료하게 이해하지 못할 수도 있다. 후건 부
정법도 역시 논증의 형식이 타당한지만을 확인시켜 줄 뿐 가언 명제의 진실성
까지 확인해 주지는 못한다.

4) 후건 긍정의 오류

후건을 긍정하여 전건도 긍정하려는 논증 방식은 형식적으로는 타당하다.

• 후건 긍정의 오류란?

그러나 이런 시도가 과연 논리적으로 타당한가.

후건 긍정의 오류

(대전제) 교원 임용 시험에 합격하면(A),

　　　　　학교에서 학생들을 가르칠 것이다(B).

(소전제) 그는 지금 학교에서 학생들을 가르치고 있다(B).

(결론)　　따라서 그는 교원 임용 시험에 합격하였다(A).

　교원 임용 시험에 합격하지 않고 기간제 교사 신분으로 학교에서 학생들을 가르칠 수가 있다. 고로 예는 **후건 긍정의 오류**를 저지른 논증이다.

5) 순수 가언 삼단논법

　조건 논증에 속하는 전건 긍정법과 후건 부정법은 모두 두 개의 전제와 한 개의 결론으로 이루어지는데, 대전제는 가언 명제이지만 소전제와 결론은 가정하지 않고 'A이다, B이다'처럼 단정하는 **정언 명제**(定言 命題)다. 이처럼 대전제는 가언 명제이고, 소전제와 결론은 정언 명제로 이루어진 가언 삼단논법을 **혼합 가언 삼단논법**이라 한다. 반면에 대전제와 소전제, 결론이 모두 가언 명제로 구성된 가언 삼단 논법을 **순수 가언 삼단논법**이라 한다. 논증하는 글쓰기에서 가장 많이 활용하는 것이 순수 가언 삼단논법이라 할 수 있다. 예를 보자.

• 혼합 가언 삼단논법
　순수 가언 삼단논법

순수 가언 삼단논법

(대전제) 교사가 수업목표를 세분하여 제시하면(A),

　　　　　학생들은 학습목표를 명료하게 이해할 것이다(B).

> (소전제) 학생들이 학습목표를 명료하게 이해하면(B),
>   학습밀도가 높아질 것이다(C).
> (결론)   따라서 교사가 수업목표를 세분하여 제시하면(A),
>   학생들의 학습밀도가 높아질 것이다(C).

앞의 논증은 전제의 진실성을 차치하고 형식상으로는 순수 가언 삼단논법을 따른 타당한 논증이다. 논술할 때 중언부언하지 말고, 순수 가언 삼단논법을 따르면 글을 명료하게 쓸 수 있다.

3. 선언 논증

선언 논증 역시 조건 논증처럼 두 개의 전제와 하나의 결론으로 이루어진다. 그런데 선언 논증은 말 그대로 첫 번째 전제는 선언(選言) 진술, 즉 '또는'으로 결합되고, 두 번째 전제는 단순 진술이다. 한편 선언 논증은 두 개 이상의 선언지(選言肢) 중에 최소한 하나의 선언지는 참인 경우를 말한다.

• 선언 논증이란?

> (대전제) 김 교사는 정규 교사이거나 기간제 교사다.
> (소전제) 김 교사는 정규 교사가 아니다.
> (결론) 따라서 김 교사는 기간제 교사다.

앞의 논증처럼 선언 논증은 대전제의 선언지 중에 최소한 하나는 진실인 경우에 해당한다. 그런데 다음 논증을 보자.

> (대전제) 김 교사는 교과를 가르치거나 학생상담만을 할 수 있다.
> (소전제) 김 교사는 영어를 가르치지 않는다.
> (결론)　따라서 김 교사는 국어를 가르친다.

　이 논증은 형식적으로는 선언 논증이다. 그런데 제시된 선언지들 외에 다양한 선언지가 있을 수 있다면 이런 논증은 타당하지 못한 논증, 즉 부당한 논증이 된다. 예에서 김 교사는 과학을 가르칠 수도 있고, 수학을 가르칠 수도 있다. 이처럼 선언 논증은 제시된 선언지들 외에 다른 선언지가 가능하다는 반론이 제기되는 경우라면 좋은 논증이 못 된다. 따라서 선언 논증을 사용할 때는 가능한 선언지를 망라해야 한다.

4. 귀류 논증

• 귀류 논증(귀류법)이란?

　귀류법(歸謬法)이란 어떤 명제(주장)가 참임을 증명하는 대신, 그 부정 명제가 참이라고 가정하여 그것의 불합리성을 증명함으로써 본디의 명제가 참인 것을 보이는 간접 증명법이다. **귀류 논증**은 주장하고자 하는 결론을 거짓이라고 가정했을 때 필연적으로 상식에 부합하지 않는다거나 모순된 결과가 도출될 수밖에 없음을 보임으로써, 주장하고자 하는 결론을 간접적으로 뒷받침하는 논증 방법을 말한다. 이를 정리하면 다음과 같다(채석용, 2011: 110-111).

> ○ 주장 A
> ○ 반대 주장 not A
> ○ 만약 not A이면 B이다.
> ○ B는 불합리하거나 모순이다. 즉, not B여야 한다.
> ○ 따라서 후건 부정에 의해 not B, 즉 A이다.

자녀에게 때를 놓치지 말고 열심히 공부하라고 강조하는 부모의 주장을 귀
류법으로 논증해 보자.

> ○ 주장 A−학창 시절에 열심히 공부해야 한다.
>
> ○ 반대 주장 not A−학창 시절에 열심히 공부하지 않는다.
>
> ○ 학창 시절에 열심히 공부하지 않으면(not A) 나중에 후회한다(B).
>
> ○ 후회할 일은 애시 당초 만들지 말아야 한다(not B).
>
> ○ 따라서 학창 시절에 열심히 공부해야 한다(A).

이렇게 귀류 논증은 옳다고 주장하는 바를 '그르다(아니다)'고 가정하면서 시
작하여 그 가정이 그를 수밖에 없다는 것을 증명하여 당초의 주장을 타당하게
해 준다. 귀류 논증은 어떤 진술의 옳음을 직접 증명하기가 어렵거나 복잡할
때 사용하는데, 특히 토론이나 논쟁 중에 상대방의 주장을 논박하기 위해 사용
된다(한상기, 2011: 274). 또한 정치 집단들이 자기 집단의 주장을 정당화하고
이에 맞서는 상대편의 입장을 약화시키기 위해 귀류법을 즐겨 사용한다. 한때
'뜨거운 교육 이슈'였던 전면 무상급식 논쟁의 경우를 예로 들 수 있다(채석용,
2011: 113). 그중 전면 무상 급식을 반대하는 입장을 정당화하는 예를 보자.

> ○ 주장 A−전면 무상급식을 반대한다.
>
> ○ 반대 주장 not A−전면 무상급식을 찬성한다.
>
> ○ 만약 전면 무상급식을 시행하게 된다면 넉넉한 가정형편의 학
>   생들까지 무상으로 급식을 받게 된다.
>
> ○ 가정형편이 넉넉한 학생들에게까지 무상으로 급식을 제공하는
>   것은 세금을 낭비하는 불합리한 행위다.
>
> ○ 따라서 전면 무상급식을 시행해서는 안 된다.

5. 양도 논증

• 양도(딜레마) 논증이란?

　양도 논증은 딜레마 논증이라고도 하는데, 하나의 선언 진술과 두 개의 조건 진술을 전제로 하여 이루어진다. 이 논증은 이른바 **악의 문제**(problem of evil)로 알려진 유명한 논증으로 오랫동안 신학자들을 괴롭혀 온 문제다(한상기, 2011: 276).

> • 신은 악을 막으려 하지 않거나 또는 악을 막을 수 없다.
> • 만일 신이 악을 막으려고 하지 않는다면, 신은 전선하지 않다.
> • 만일 신이 악을 막을 수 없다면, 신은 전지전능하지 않다.
> ∴ 신은 전선하지 않거나 전능하지 않다.

　이처럼 양도(딜레마) 논증은 두 선택지 모두 바람직하지 않은 결과를 낳게 되는 곤란한 상황을 일컫는다. 따라서 토론이나 논쟁에서 이 논증을 사용하게 되면 상대방을 꼼짝 못하게 얽어맬 수 있다.

 교칙 3. 귀납 논증을 공부하자

1. 귀납 논증의 특징

• 귀납 논증의 특징
　－개연성
　－확장성

　귀납 논증은 이미 알고 있거나 옳다고 가정하는 전제들로부터 필연적으로 나오는 결론을 도출해 내는 논증 형식을 말한다. 귀납 논증은 두 가지 특징을 갖는다. 첫째, 만일 모든 전제가 옳다면 결론은 반드시 옳지는 않지만 옳음직하다(개연성). 둘째, 결론은 전제 속에 없는 새로운 내용을 포함한다(확장성). 일상생활에서 연역 논증보다 더 많이 사용되는 귀납 논증은 결론을 뒷받침하는 전제(근거)의 종류에 따라 구분되는데, 매거 논증, 통계 논증, 권위에 의한 논증, 유비 논증, 그리고 인과 논증으로 나뉜다(한상기, 2011).

• 귀납 논증의 유형을 알 아보자.

2. 매거 논증

매거 논증(매거에 의한 논증, inductive argument by enumeration)은 어떤 집합의 **일부 원소**에서 관찰된 사실을 보고하는 전제를 근거로 삼고, 그 집합에 속하는 **모든 원소**에 관한 결론을 주장하는 논증이다. 한상기(2011: 301-302)는 매거 논증을 다음과 같이 알기 쉽게 풀어 설명한다.

• 매거
  −하나하나 들어서 말함
  −매(枚, 낱매) + 거(擧, 들거)

> **매거 논증의 표준 형식**
> S의 관찰된 원소들 가운데 N%가 P다.
> ∴ N%의 S가 P다.

그는 이를 쌀 수매 현장을 예로 들어 설명하고 있다. 추곡 수매 현장에서 판정관들이 쌀자루에 등급을 매길 때 쌀자루마다 구멍을 내어 일부의 쌀을 꺼내 확인하여, 표본으로 관찰한 쌀의 등급을 통해 전체에 대한 판정을 내린다. 즉, 표본으로 관찰한 쌀이 모두 특등이니까 그 쌀자루의 모든 쌀이 특등이라고 판정을 내리는 것이다.

> ○ 표본으로 관찰한 모든 쌀이 특등이다. (전제)
>   ∴ 이 쌀자루의 모든 쌀이 특등이다. (결론)

매거 논증에서 결론은 보편적 일반 진술과 통계적 일반 진술로 구분된다. 보편적 일반 진술은 "100%의 S가 P다(즉, 모든 S가 P다)이거나 0%의 S가 P다(즉, 모든 S는 P가 아니다)"의 논증 형식을 취하는 경우다. 반면에 쌀자루 속의 80%가 특등이라고 결론을 내리는 것처럼 결론이 "어떤 비율의 S는 P다"라는 형식을 취하여 N의 값이 100도 아니고 0도 아님을 말해 주는데, 이를 통계적 일반 진술이라 한다.

• 모집단과 표본

한편 매거 논증과 관련하여 모집단(population)과 표본(sample)이라는 용어를 사용한다. 모집단은 일반화하고 있는 것의 전체 집합을 의미하며, 표본은 해당 집합의 원소들 가운데 실제로 관찰된 원소들이나 실제로 이루어진 관찰을 의미한다.

• 충분성 + 대표성

TV 시청률 조사나 여론조사 등은 매거 논증의 형식을 빌려 결론을 일반화하고 있는데, 이때 표본의 **충분성**(표본이 전체 집단의 특성을 제시할 만큼 크거나 많음)과 **대표성**(표본은 모집단의 특성과 유사함)이 중요하다.

3. 통계 논증

• 통계 논증이란?

통계 논증은 일반화를 통해 도달한 결론을 다른 논증의 전제로 삼는 것을 말한다. 일정 기간 동안 담배를 피운 사람들이 폐암에 걸렸다는 조사 결과를 예로 들어 보자.

> ○ 일정 기간 동안 담배를 피운 사람들 중에 70%가 폐암에 걸렸다. (일반화를 통한 결론−전제)
> ○ A씨는 일정 기간 동안 담배를 피웠다.
> ∴ A씨는 폐암에 걸릴 것이다. (결론)

이렇게 일반화를 통한 결론을 전제로 삼아 결론을 도출하는 통계적 논증은 양적 증거를 바탕으로 하는데, 통계의 증거 능력은 다음 조건들에 의해 결정된다. 첫째, 통계의 출처가 중요하다(김보현, 2015: 86-87에 기초). 폐암과 흡연이 무관하다는 통계 자료의 출처가 담배 회사라면 자료의 신뢰성이 떨어진다. 둘째, 통계의 표본이 충분하고, 편향되지 않아야 한다. 흡연이 폐암에 미치는 영향을 증명할 때 하루에 3갑 이상 피운 사람 50명 정도만을 대상으로 하였다면 표집이 편향되었고, 표본의 수도 너무 적다. 셋째, 통계 증거가 결론과 관련성이 있다고 인정받으려면 최근의 것이어야 한다. 너무 오래된 수치를 인용하여 결론을 뒷받침하려 하면 설득력이 없다. 넷째, 통계 해석의 관점(다양성)을 고려해야 한다. 학력이 떨어지는 고등학교에서 학업을 포기하는 학생들은 학업 부적응이라 결론 내릴 수 있지만, 학업 성취가 높은 고등학교 학생들이 자퇴를 하는 경우는 더 좋은 내신을 받아 대학 진학하는 데 도움을 얻기 위함이라고 볼 수도 있다.

- 통계 논증의 조건을 알아보자.

4. 권위에 의거하는 논증

수업 중에 발표를 하라하면, "선생님께서 말씀하신 것처럼……"이라고 말하는 학생들이 가끔 있다. 자신의 주장(결론)을 정당화하고자 할 때 그 분야의 전문가가 주장하는 바를 인용하는 것이 바로 권위에 의거하는 논증이다. 이 논증에서는 권위자는 전문가이어야 하고, 그가 주장하는 바는 신뢰할만해야 한다는 전제가 필요하다.

5. 유비 논증

유비 논증(argument by analogy)은 두 대상 사이의 유사성을 근거로 결론을 끌어내는 논증이다. 즉, 유비는 서로 다른 것들 사이의 비교를 말하는데, 설명도 하고 묘사도 하고, 논증까지 한다(김보현, 2015: 95-96). "인생은 마라톤과 같다."고 하면, 아직 인생길을 완주해 보지 못한 젊은이에게 인생을 묘사하고 설명해 주는 한편, 어떤 어려움이 있더라도 포기하지 않고 열심히 살아가라고 설득하는 표현이기도 하다.

　그런데 유비 논증은 주장하고자 하는 사물(현상)과 그것이 비유되는 것의 유사성에 근거한 논증이므로 개연적으로만 타당할 뿐이다. 그래서 유비 논증의 개연성을 높이려면 비유되는 사물 사이의 유사성에 관해 다음 세 가지를 조심해야 한다(김보현, 2015: 107-109). 첫째, 그 유사성은 본질적인 것이어야 한다. 친자 확인은 유전자 검사를 통해 해야지 신체 외모의 모습만으로 하기는 어렵다. 둘째, 비교되는 사물들은 논증의 주제와 관련된 점에서 유사해야 하며, 그로써 결론의 도출이 가능한 적절한 연관관계가 존재해야 한다. 고향, 성적, 외모가 비슷하다 하여 서로 같은 학과를 지원한다고 결론 내리는 것은 무리다. 셋째, 유사성을 확대 해석함으로써 그 대상의 차이를 무시해서는 안 된다.

6. 인과 논증

　목격자가 없는 상태에서 시신을 발견하게 되면 대개 국립과학수사연구소에서 부검을 실시하여 사망의 원인을 찾는다. 어떤 결과에는 반드시 원인이 있기 마련이고, 그 역도 성립한다는 가정을 한다. 이처럼 사물이나 현상들의 인과관계에 관한 정보를 토대로 직접 관찰한 사건이나 대상으로부터 직접 관찰할 수 없는 사건이나 대상을 알아내는 것을 인과 논증이라 한다. 인과 논증에는 원인으로부터 결과를 추리하는 경우도 있고, 결과를 통해 원인을 추리하는 경우도 있다. 인과 논증은 설명력과 예측력을 제공한다.

　인과 논증을 사용할 때는 다음 두 가지 오류를 조심해야 한다. 첫째, **선후인과의 오류**(post hoc fallacy)를 범하지 않아야 한다. 우연적인 일치로 시간적 선후관계가 있다는 것을 알고 나서 두 사건 사이에 필연적인 인과관계가 있다고 주장하는 것을 말한다. 잘못된 미신이나 종교적·의학적 신념이 그 예다. 둘째, **인과 혼동의 오류**(fallacy of confusing an effect with a cause)다. 이는 어떤 인과관계가 실제 성립하였다 할지라도 원인과 결과의 관계를 잘못 생각하는 오류를 말한다. 학생들의 통학 수단을 조사하는 과정에서 도보로 통학하는 학생들이 성적이 좋은 것을 발견하고서는 걷기는 학업성취의 원인이라고 주장하는 것이 인과관계를 혼동하는 오류를 범한 예다.

결론적으로 귀납 논증은 필연성이 아니라 개연성을 가질 뿐이다. 전제가 옳다고 해도 결론은 옳음직할 뿐 반드시 옳지는 않다는 것이 귀납 논증의 특징이다.

실전 연습

논증의 형식을 공부하였다. 논리적 사고를 하려면 추리 과정이 필요한데, 이때 논증이라는 사유가 중요하다. 이제 그 원리를 심화하고, 연습해 보자.

실전 1 다음 물음에 적합한 낱말을 쓰거나 간단히 서술하시오.

1. (　　　) 논증은 전제가 옳다면 결론도 반드시 옳은 논증을 말하는데, 필연성과 비확장성을 특징으로 한다. 반면에 (　　　) 논증은 전제가 옳으면 결론은 '옳음직하다'는 개연성을 특징으로 한다.

2. 조건 논증은 두 개의 전제와 하나의 결론으로 구성된다. 이때 첫 번째 전제는 (　　　) 명제로 나오고, 두 번째 전제는 (　　　) 진술로 나온다.

3. 선언 논증은 두 개의 전제와 하나의 결론으로 구성되는데, 첫 번째 진술은 (　　　)으로 결합되고, 두 개의 전제 중에 반드시 하나는 참인 경우다.

4. 어떤 명제의 참을 주장하는 대신 그 부정 명제가 참이라고 가정하여, 그것의 불합리성을 증명함으로써 본래의 명제가 참인 것을 보이는 간접 증명법을 (　　　)(이)라 한다.

실전 2 다음 물음에 적합한 낱말을 쓰거나 간단히 서술하시오.

1. 조건 논증 중 전건 긍정법은 대전제의 전건이 긍정되면, 후건이라는 결론이 도출되는 것을 말한다.

다음 틀에 예를 드시오.

(대전제) _____	(A),
_____	(B).
(소전제) _____	(A),
(결론) _____	(B).

2. 다음 틀에 선언 논증을 해 보시오.

(대전제) _____	(A),
_____	(B).
(소전제) _____	(A),
(결론) _____	(B).

제**7**장

논리적 사고, 어떻게 기를까

교직으로 가는 길

걷기는 특별한 장소나 기구가 필요 없고, 혼자서도 아무 때나 할 수 있으니 아주 간편하면서도 건강에 좋은 운동이다. 그런데도 하루 목표를 정해 놓고 꾸준히 걷는 게 쉬운 일은 아니다. 그래서 차동차를 없애고 대중교통을 이용할까, 이런 생각도 해 본다. 대중교통으로 출퇴근하면 딱히 시간을 내지 않아도 어쩔 수 없이 걷게 될 것이고, 자연스레 매일매일 걷기 운동을 하니 건강에 도움이 될 테니까.

논술에 필요한 논리적인 사고를 연습하는 것도 걷기 운동과 마찬가지다. 평소에 책을 읽고 정리하거나, 수업에서 토론을 할 때 논리적 사고의 기법을 적용하면, 특별한 시간을 내지 않아도 논술에 필요한 사고 훈련을 할 수가 있다.

규칙 1. 표시하고 메모하면서 글을 읽자

읽기와 쓰기는 하나다. 글을 읽을 때, 중심 생각은 어디에 있는지 파악하려고 표시하거나 메모하는 습관을 들이면 글을 어떻게 써야 좋은지 알게 된다. 좋은 글이란 글을 구성하는 형식을 잘 지켜 쓴 글이기 때문에, 이렇게 하면 역으로 글을 잘 쓰는 원리를 알 수 있다. 그래서 글을 읽는 것은 들숨이고, 글을 쓰는 것은 날숨에 비유할 수 있다. 날숨과 들숨은 하나의 연속적인 과정으로 조화롭게 해야 건강할 수 있는 것처럼 읽기와 쓰기도 하나의 과정이라는 것을 명심하자. 이런 주장은 교과서를 봐도 알 수 있다.

- 읽기 = 쓰기
  | |
  들숨   날숨

글을 제대로 읽으려면 글이 어떻게 조직되었는지를 분석, 이해하여야 한다. 문단 또는 글 전체의 중심 생각은 무엇이며, 중심 생각을 뒷받침하는 내용은 무엇인지, 글을 구성하는 원리가 두괄식인지 미괄식인지를 파악하면서 글을 읽으면 독해력을 기를 수 있다. 이렇게 하자면 밑줄을 긋거나 강조하는 표시를 하고, (표시한 내용을) 책의 여백이나 부착식 메모지(post-it 등)에 정리하면서 글을 읽어야 한다.

결국 잘 쓴 글을 읽고 분석하는 연습을 해 보면, 글을 잘 쓰려면 어떻게 해야 하는지 감이 잡힌다. 특히 다른 사람이 쓴 글을 읽고, 논증의 형식을 분석해 보면 논증을 훈련하는 데 도움이 된다. 또한 개요 짜기를 잘하려면 논제와 제시문을 꼼꼼히 읽고, 담겨진 뜻을 제대로 파악해야 한다. 이것이 논술에서도 읽기 기술이 필요한 이유다. 그렇다면 글을 읽을 때 어떻게 표시하고 메모하여야 할까?

1. 핵심 개념을 찾아 표시하자

글을 읽으면서 중요하다고 생각되는 핵심 개념들을 찾아 동그라미를 치는 등 표시하기를 하자. 이것들이 글쓴이의 중심 생각을 나타낸다. 특히, 논술 문제에서 반복적으로 나오는 개념들은 글의 주제와 관련된 것이므로 주의하여 읽고, 이들 개념을 중심으로 글을 써야 한다.

2. 문장의 구(句)에 밑줄을 긋자

• 구 = 문장의 중요한 부분

글은 생각을 표현하는 것인데, 생각을 나타내는 글의 가장 작은 단위는 문장이다. 고로 문장의 주요 부분인 구(句, 문장의 중요 부분)에 밑줄을 치면서 읽으면 글의 내용을 쉽게 이해할 수 있다. 표시하면서 읽는 요령 중에, "구에 밑줄을 치라"는 것이 가장 중요하다. 밑줄은 물결 모양(~)으로 치자. 그래야 대비 효과를 볼 수 있다.

그런데 글을 읽으면서 구보다는 단어나 문장 전체에 밑줄을 긋는 학생들이 꽤 많다. 강화물의 유형을 설명하는 글을 읽으면서 세 가지 방식으로 밑줄을 쳐 보고, 어떤 것이 내용을 파악하는 데 더 도움이 되는지 비교해 보자.

① 단어에 표시한 경우

> 일차 강화물(primary reinforcer)은 인간의 기본적인 욕구를 충족시키는 강화물로, 음식, 안전, 따뜻함 등이 이에 해당한다. 이차 강화물(secondary reinforcer)은 다른 강화물과 연합하여 가치를 얻게 된 강화물이다. 성적은 그 자체로는 인간의 기본적인 욕구를 충족시키지 못하지만 학생이나 부모가 성적에 가치를 둠으로써 높은 성적이 안전, 만족감, 뿌듯함과 연합된다면 이차 강화물이 된다.
>
> (신종호 외, 2015: 155)

② 문장 전체에 표시한 경우

> 일차 강화물(primary reinforcer)은 인간의 기본적인 욕구를 충족시키는 강화물로, 음식, 안전, 따뜻함 등이 이에 해당한다. 이차 강화물(secondary reinforcer)은 다른 강화물과 연합하여 가치를 얻게 된 강화물이다. 성적은 그 자체로는 인간의 기본적인 욕구를 충족시키지 못하지만 학생이나 부모가 성적에 가치를 둠으로써 높은 성적이 안전, 만족감, 뿌듯함과 연합된다면 이차 강화물이 된다.

③ 구에 표시한 경우

> 일차 강화물(primary reinforcer)은 인간의 기본적인 욕구를 충족시키는 강화물로, 음식, 안전, 따뜻함 등이 이에 해당한다. 이차 강화물(secondary reinforcer)은 다른 강화물과 연합하여 가치를 얻게 된 강화물이다. 성적은 그 자체로는 인간의 기본적인 욕구를 충족시키지 못하지만 학생이나 부모가 성적에 가치를 둠으로써 높은 성적이 안전, 만족감, 뿌듯함과 연합된다면 이차 강화물이 된다.

같은 내용으로 된 3개 문단에 밑줄 친 부분만 읽어 보자. 단어에만 표시한 경우(①)는 정보가 너무 부족하여 중요한 내용이 무엇인지 파악하기 힘들다. 문장 전체에 표시한 경우(②)는 너무 복잡하여 중요한 내용을 가려내기가 어렵다. 반면에, 구에 표시한 경우(③)는 중요하지 않은 부분은 무시하고 중요한 부분에만 표시하여 글의 내용을 쉽게 파악하는 데 도움이 된다.

이처럼 구(句)에 밑줄을 치면서 읽어야 하는 이유는 인간의 정보처리 방식에서 알 수 있다. 인간의 정보처리 용량은 제한되어 있어서 한꺼번에 모든 내용을 저장하기 어렵다. 그래서 중요한 내용만 입력하면 **저장 용량의 한계를 극복**

• 구(句)에 밑줄을 치면 좋은 이유는?

해 주는 효과가 있다. 휴대전화에 저장된 불필요한 앱을 삭제하면 저장용량이 늘어나는 것과 마찬가지다.

3. 문단을 단위로 읽고 표시하자

• 문단을 단위로 읽으면 좋은 이유는?

　　문장은 하나의 생각을 나타내는 가장 작은 단위지만, 그 자체로는 '완전한 생각'을 전달해 주지 못한다. 그래서 중심 생각과 이를 뒷받침하는 세부 정보를 함께 알려면 최소한 문단(두 개 이상의 문장)을 단위로 읽어야 한다. 한 문단을 다 읽고 나서, 문장의 구에 표시하기를 해야, '중심 생각–세부 정보', '주장–이유(근거)'를 하나로 묶어 이해할 수 있다.

• 중심 생각이 문단의 어느 부분에 있는지 생각하면서 읽자.

　　또 문단 단위로 글을 읽고 표시하면 글이 어떻게 구성되어 있는지 알아내는 데 도움이 된다. 중심 생각 또는 주장이 문단의 앞부분에 오면 두괄식 표현, 그것이 문단의 뒤에 오면 미괄식 표현이라 배웠을 것이다. 문단을 단위로 읽으면서 중심 생각이 어디에 위치하였는지를 찾아내는 습관을 들이면, 글을 쓸 때 중심 생각을 어디에 두어야 할지 굳이 의식하지 않아도 알게 될 것이다. 앞에서 설명한 것처럼 주장하는 글을 쓸 때는 문단의 앞부분에 중심 생각을 놓는 게 좋다.

• 한 문단을 다 읽고, 밑줄을 긋자.

　　문단을 단위로 글을 읽고 표시하는 습관을 들이면 문장 전체에 밑줄을 긋는 오류를 피하는 효과도 있다. 글을 읽으면서 밑줄을 치면 자칫 문장 전체에 밑줄을 긋게 된다. 그러지 말고 문단을 다 읽고 나서 중요한 내용이 무엇인지 잠시 생각하면 문장 전체에 밑줄을 긋지는 않을 것이다. 결국 **밑줄 긋기도 의사결정의 과정**이다. 문단을 단위로 글을 읽고, 무엇이 중요한지 잠시 생각하여 선택한 다음에 밑줄을 긋자.

밑줄 긋기와 강조하기 요령

첫째, 책을 읽을 때 중요한 내용에 직접 표시한다.

둘째, '짧은 문장 → 긴 문장, 쉬운 문장 → 어려운 문장' 순서로 연습한다.

셋째, 너무 많이 표시하거나, 혼란해 보이지 않는지 확인한다.

넷째, 표시한 부분만을 따로 읽었을 때 의미가 통하는지 확인한다.

다섯째, 잘하는 친구를 모델로 삼는다.

여섯째, 평소 삼색 볼펜이나 얇은 색연필, 부착지 메모지(post-it)를 활용한다.

4. 여백에 메모하자

밑줄을 그으면서 읽으면 중요한 내용을 파악하는 데 도움이 되지만 한 걸음 더 나아가는 지혜가 필요하다. 표시한 내용을 한 번 더 압축하여 책의 여백에 메모하는 요령을 익혀 실천해 보자. 그러면 글의 내용이 더 잘 이해될 것이다. 이때 밑줄 친 내용을 그냥 복사하는(옮겨 놓는) 것이 아니라 요약을 해야 한다. 이때 줄글 형식으로 요약하지 말고, 표나 그림 등 시각적으로 표현하면 암기하는 데 도움이 된다. 앞의 예 ③에 밑줄 친 내용을 다음처럼 여백에 메모하였다.

③-1. 표시하기	③-2. 메모하기
일차 강화물(primary reinforcer)은 인간의 기본적인 욕구를 충족시키는 강화물로, 음식, 안전, 따뜻함 등이 이에 해당한다. 이차 강화물(secondary reinforcer)은 다른 강화물과 연합하여 가치를 얻게 된 강화물이다. 성적은 그 자체로는 인간의 기본적인 욕구를 충족시키지 못하지만 학생이나 부모가 성적에 가치를 둠으로써 높은 성적이 안전, 만족감, 뿌듯함과 연합된다면 이차 강화물이 된다.	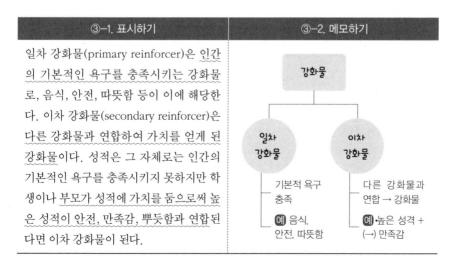

여백에 메모할 때 두 가지를 실천하자. 우선, 표시한 내용을 메모하는 것과 함께 '나'의 생각이나 주장, 느낀 점이나 의문점도 적자. 메모하기는 '사실을 적은 메모'와 '느낌을 적은 메모'로 구분된다. '나'의 생각이나 느낀 점 등을 적으면 더 깊이 있게 독서하는 효과가 있다. 책과 대화하면서 읽으라는 일러줌이 이를 말한다. 또한 여백에 메모할 때 시각적으로 표현하되, 특히 개념도로 작성하면 논리적으로 사고하는 데 도움이 된다. 읽은 내용을 개념도로 요약(메모)하는 것이 왜 중요한지는 규칙 2에서 알 수 있다.

표시하고 메모하기의 요령

① 강조하기
색연필 등을 이용하여 중요한 부분에 색칠을 하거나 연한 음영을 주는 것을 말한다. 많은 학생이 형광펜이나 볼펜 등을 이용하여 중요한 부분에 표시를 하는 경우를 말한다. 읽으면서 표시할 때 형광펜보다는 색연필을 사용하는 것이 좋고, 너무 많은 색깔을 쓰지 않는 것이 좋다. 너무 지나치게 하면 다시 읽을 때에 눈에 피로를 주고, 여러 가지 색깔의 형광펜을 무질서하게 쓰게 되면 오히려 혼란을 주기 때문이다.

② 밑줄 긋기
학생들이 가장 많이 활용하는 방법이다. 어떤 학생들은 자를 대고 밑줄을 긋는 경우가 있는데, 이는 좋은 방법이 아니다. 이렇게 하면 내용을 읽고 이해하는 것보다는 선을 긋는 데에만 신경을 쓰게 되고, 읽는 속도가 느려질 수 있기 때문이다. 또한 문장 전체에 밑줄을 긋는 것도 피해야 한다. 너무 많은 밑줄을 긋기보다는 의미 있는 어절이나 구에 밑줄을 긋는 요령이 필요하다.

③ 여백에 메모하기

책의 빈 공간에 읽은 내용의 요점을 간략하게 정리하거나 자신의 주장을 메모하고, 의문 나는 내용들을 기록하는 방법이다. 특히, 여백에는 표면적으로 드러나있지 않은 주요 아이디어나 요지를 자신의 말로 표현해 두면 좋다. 여백을 활용할 때에 본문의 내용을 그대로 써 놓는 것은 좋은 방법이 아니다. 또한 여백에 메모할 때는 시각적으로 표현하면 더 좋다.

5. 요약하자

글을 잘 쓰기 위한 기초 능력의 하나로, **요약하기**(summarizing)를 하면서 읽는 연습을 하면 좋다. 요약하기는 단순히 압축하여 복사하거나 옮겨 놓는 것이 아니다. 요약하기는 표시하거나 여백에 메모하는 과정과 흡사한데, 읽은 내용 중에 무엇이 중요하고, 중요하지 않은지를 깊이 생각하면서 읽고, 중요한 내용들로 압축하여 짧은 글을 써 보는 과정을 말한다. 요약하기의 순서는 다음과 같다.

• 요약하기 ≠ 복사하기

첫째, 핵심어(낱말)에 표시하자.
둘째, 의미 있는 부분에 밑줄을 긋자.
셋째, 중요하지 않은 부분을 지우자.
넷째, '나의 말'로 정리하자.

결국 요약하기는 중심 생각이나 주장, 이유나 근거를 찾으면서 글을 읽는 습관을 갖게 한다. 나아가 핵심 개념과 의미 있는 부분들만 추려 '나'의 말로 짧은 글을 써 보면 주장과 이유, 중심 생각과 보조 내용이 어우러진 문단을 만드는 습관을 들일 수 있다.

2. 개념도를 작성하자

• 개념도 → 연역적 사고
  → 논술

개념도(concept)는, 모든 지식은 위계(계층)적으로 구성되어 있다는 전제하에 읽은 내용을 논리적으로 정리하거나 표현하는 기법이다. 이런 이유로 개념도를 작성하는 연습을 하면 연역적으로 사고하는 능력을 개발하는 데 도움이 된다.

• 개념도 작성의 순서를
  알아두자.

> **개념도를 작성하는 순서와 요령**
>
> 첫째, 책을 읽으면서 중요하다고 생각되는 개념이나 낱말을 찾아 밑줄을 긋거나 동그라미를 친다. 이것들을 책의 여백이나 빈 종이에 적는다.
> 둘째, 찾은 개념 중에서 위계를 정해 '상위의 것 → 하위의 것, 일반적인 것 → 구체인 것' 순으로 수직적으로 배열한다.
> 셋째, 개념들 사이에 선을 긋고, 그들 간의 관계성을 나타내기 위한 낱말이나 문장을 써 넣는다.
> 넷째, 개념들 간의 상하 관계, 그리고 그 관계를 나타내는 표현이 적절한지 확인한다

다음 내용으로 개념도를 작성해 보자.

> **교육 평등관의 변천**
>
> 교육 평등은, ① 허용적 평등, ② 보장적 평등, ③ 과정의 평등, ④ 결과의 평등으로 그 관점이 변화되어 왔다. 첫째, 허용적 평등은 신분이나 성에 관계없

이 모든 사람에게 교육에의 접근 기회를 제공하는 것을 말한다. 조선시대에는 신분에 따라 교육의 기회가 제공(제한)되었으나 현재에는 모든 사람에게 교육의 기회를 개방한 것이 그 예다. 둘째, 보장적 평등은 교육을 받는 데 방해가 되는 경제적·사회적 장애 요인을 제거하여 주는 것을 말한다. 저소득층의 자녀들을 위해 국가가 장학제도나 학비지원제도를 적극적으로 시행하는 것이 예가 된다.

☞ 과정의 평등과 결과의 평등에 대해서는 '실전 연습' 내용으로 삼았으니 참고하기 바람.

예로 든 내용은 교육 평등의 관점이 어떻게 발전하여 왔는지를 설명하고 있다. 개념도를 작성하는 절차를 생각하면서 두 가지 교육 평등관에 대해 개념도를 작성해 보자. 우선 주요 개념은 동그라미를 치고, 중요한 내용에 밑줄을 그었다. 그런 다음에 동그라미나 밑줄을 친 내용을 다음처럼 한데 모았다.

중요한 개념

교육 평등관, 허용적 평등, 보장적 평등, 교육기회 개방, 장애 요인의 제거, 장학금이나 학비지원제도

이렇게 옮겨 적은 내용들을 개념의 위계 관계를 고려하여 수직적으로 배열하고, 이어 주는 낱말을 간단하게 적었다.

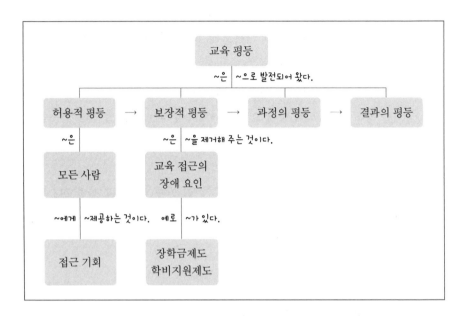

　　이렇게 읽은 내용을 개념도로 정리하면 논리적인 관계가 분명하게 드러나 이해하기 쉬울 것이다. 역으로 글을 쓸 때 이런 사고를 실천하면 '주장 → 이유 → 근거'로 이어지는 생각의 묶음이 잘 정리될 것이다.

　　개념도를 작성하는 연습을 할 때는 '문장 → 문단', '쉽고 단순한 내용 → 어렵고 복잡한 내용'으로 발전해 가는 것도 요령이다. 다시 강조하면 개념도는 단순히 정리하는 기법만이 아니라 논리적 사고를 훈련하는 방법이다. 따라서 개요 짜기(제9장)를 할 때도 개념도를 활용해 보자.

규칙 3. 계층 구조로 질문을 만들자

　　논술의 서론 부분에서 논제를 질문으로 만들고, 잠정적인 주장을 그에 대한 답으로 쓰자고 했다. 이렇게 질문하고 답을 쓰는 기술은 논술의 전 과정에서 필요하다. 특히, 많은 학생이 논술의 내용을 쓰기 전에 개요 짜기를 할 때 줄글이나 메모 형식으로 중요한 내용을 적고 시작하는데, 그보다는 질문 만드는 기법을 활용하여 글의 개요를 작성하면 더 논리적으로 쓸 수가 있다.

　질문 만들기를 통해 논리적으로 사고하고 글의 개요를 잘 잡는 연습을 해 보자. 예를 들어, "고교평준화 정책을 폐지해야 한다."는 주장을 하고자 개요를 잘 짜려면 어떻게 해야 할까? 다음 순서로 질문을 만들어 보자. 첫 번째, 중심 질문을 만들자. 중심 질문은 주장하려는 내용을 질문 형식으로 표현한 것이다. 두 번째, 중심 질문의 하위 질문, 즉 보조 질문을 쓰자. 보조 질문은 주장의 이유에 해당하는 동시에 중심 질문보다 낮은 수준의 내용이어야 한다.

• 질문 만들기

• 중심 질문과 보조 질문

　개요를 잘 잡기 위해 **중심 질문**과 **보조 질문**을 생각하고 나서 이것들을 계층적으로 구조로 배열하는 게 좋다. 그 이유는 앞서 공부한 개념도 작성의 원리에서 찾을 수 있다. 중심 질문과 보조 질문을 계층적으로 만든 예를 살펴보자.

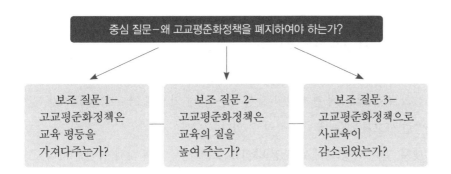

　이렇게 중심 질문과 보조 질문을 계층적으로 만들고 나서, 보조 질문 각각에 대해 답으로 쓸 내용을 간단히 적어 놓으면 논술문을 논리적으로 쓰기 위한 준비가 되었다고 볼 수 있다. 앞의 예에서 밑부분이 바로 보조 질문에 대한 답인데, 개조식으로 쓰면 시간이 절약된다.

규칙 4. 토론 기법을 훈련하자

토론은 논리적 사고, 논증 능력을 개발하는 데 도움이 된다. 토론하는 방법에는 여러 가지가 있지만, 잘 알려진 **교차 토론**(Cross Examination Debate Association: CEDA)의 형식을 압축한 '넷이서 토론하기' 기법을 소개하겠다. 이 토론 기법은 어떤 주제나 이슈에 대해 찬성과 반대에 대한 이유나 근거를 교환하고, 반론에 대해 재반론하는 과정을 통해 논리적인 사고뿐만 아니라 균형 있게 사고하는 습관을 갖도록 해 준다. 넷이서 토론하는 방법으로 수업을 하면, 학생들이 한쪽에 치우치지 않고 균형 있게 사고하도록 도울 수 있다. 논술을 잘하기 위해 친구들과 넷이서 토론하는 기법을 활용하고 응용하는 절차와 요령을 생각해 보자.

CDEA(교차조사학회)의 명칭을 토론 기법의 명칭으로 씀

첫째, 토론할 주제, 토론에 필요한 자료를 제시하고, 파악한다. 교재의 내용이나 신문 기사 등을 각자 공부한다.

둘째, 네 명으로 모둠을 만들고 찬성팀(2명)과 반대팀(2명)으로 나눈다. 이때 자신의 주장(입장)에 관계없이 찬성 또는 반대 입장에 서도록 팀을 짜는 것도 다양한 사고를 하는 데 효과적일 수 있다.

셋째, 같은 입장 내에서 작전 타임을 갖는다. 주장에 대해 어떤 이유나 근거를 댈지, 어떤 자료를 사용할지를 상의하고, 발언 순서를 정한다.

넷이서 토론하기의 순서

• 1단계(주장)
찬성 입장(발언 1번)이 주장한 후 반대 입장(발언 1번)이 주장한다.

- 2단계(질의-응답)

① 찬성 입장(발언 2번)이 반대 입장에 질문하고, 이에 반대 입장 2번이 답변한다.

② 반대 입장의 발언 1번이 찬성 입장에 질문하면, 찬성 입장 1번이 답변한다.

※ 시간이 있으면 ①, ②를 반복한다.

- 3단계(정리)

각 입장의 2번이 모둠의 최종 주장을 정리한다.

- 4단계

각 모둠에서 최종적으로 주장한 내용을 발표(정리)한다.

넷째, 토론을 진행한다. 토론을 진행하는 구체적인 순서는 다음과 같다. 넷이서 토론하기의 양식과 주제(예시)를 살펴보고, 빈칸에 실천해 보자.

주제	대형마트 영업 규제	
입장	찬성 (대형마트의 영업을 제한해야 한다.)	반대 (대형마트의 영업을 제한해서는 안 된다.)
이유 근거	① ② ③ ④ ⑤	① ② ③ ④ ⑤
종합		

이렇게 토론을 하고 나서, 그 결과(토론 정리 양식)를 바탕으로 찬성 또는 반대의 입장에서 주제를 구체적으로 정해 논술을 하면 금상첨화(錦上添花)다.

토론을 위한 읽기 자료　　「유통산업발전법」

제12조의 2(대규모 점포 등에 대한 영업 시간의 제한 등) ① 특별자치시장·시장·군수·구청장은 건전한 유통질서 확립, 근로자의 건강권 및 대규모 점포 등과 중·소유통업의 상생발전(相生發展)을 위하여 필요하다고 인정하는 경우 대형마트(대규모 점포에 개설된 점포로서 대형마트의 요건을 갖춘 점포를 포함한다)와 준대규모 점포에 대하여 다음 각 호의 영업 시간 제한을 명하거나 의무 휴업일을 지정하여 의무 휴업을 명할 수 있다. 다만, 연간 총매출액 중 「농수산물 유통 및 가격안정에 관한 법률」에 따른 농수산물의 매출액 비중이 55% 이상인 대규모 점포 등으로서 해당 지방자치단체의 조례로 정하는 대규모 점포 등에 대하여는 그러하지 아니하다.

　　1. 영업 시간 제한

　　2. 의무 휴업일 지정

② 특별자치시장·시장·군수·구청장은 제1항 제1호에 따라 오전 0시부터 오전 10시까지의 범위에서 영업 시간을 제한할 수 있다.

③ 특별자치시장·시장·군수·구청장은 제1항 제2호에 따라 매월 이틀을 의무 휴업일로 지정하여야 한다. 이 경우 의무 휴업일은 공휴일 중에서 지정하되, 이해 당사자와 합의를 거쳐 공휴일이 아닌 날을 의무 휴업일로 지정할 수 있다.

④ 제1항부터 제3항까지의 규정에 따른 영업 시간 제한 및 의무 휴업일 지정에 필요한 사항은 해당 지방자치단체의 조례로 정한다.

실전 연습

지금까지 평소에 논리적 사고를 연습하는 데 도움이 되는, 읽기 기술, 정리 기술, 토론 기법 등을 공부하였다. 그 원리를 다시 생각해 보고 실천해 보자.

실전 1 다음 물음에 적합한 낱말을 쓰거나 간단히 서술하시오.

1. 표시하고 메모하면서 읽으면 좋은 이유를 3가지 쓰시오.

① _____

② _____

③ _____

2. 글은 (   )를(을) 단위로 읽고 나서, 무엇이 중요한지를 결정한 다음에, 중요하다고 생각되는 개념이 들어 있는 (   )에 물결 모양으로 밑줄 긋기를 하면 좋다.

3. 표시한 내용을 메모할 때에, 줄글보다는 시각적으로 표현하면 좋은 이유를 쓰시오.

① _____

② _____

4. 개념도를 작성하는 요령을 순서대로 쓰시오.

① _____

② _____

③ _____

④ _____

실전 2 다음 내용을 읽고, 밑줄 긋기를 본문에 실천한 후에 개념도를 사용하여 공란에 메모하시오.

교육 평등관의 변천

과정의 평준은 'same≠equal, separate but equal'(차별적 평등)이라는 말로 그 의미가 잘 표현될 수 있는데, 동등하게 대접받는 것이 평등한 것이 아니라 교육의 과정에서 개인의 조건과 능력에 '적합한' 교육을 받는 것이 적극적인 의미의 평등이라는 관점이 다. 장애 학생을 위해서는 특수학교를 설치하고, 영재 학생에게는 과학고등학교 등을 설립하여 교육을 받도록 하는 것이 그 예다. 한편 결과의 평등은 교육받은 결과가 일정한 수준에서 동등하도록 보장하는 것을 말한다. 초등학교를 졸업하였으면 읽고, 쓰고, 셈하는 기초 능력을 습득하도록 해 주어야 한다. 최근에 교육 소비자 주권의 차원에서 교육 책무성(accountability) 운동이 전개되는 현상은 이를 반영한 것이다.

개념도 메모하기

제**4**부

논술의 실제

제**8**장

논술, 어떻게 구성해야 할까

한 송이 국화꽃을 피우기 위해

봄부터 소쩍새는

그렇게 울었나 보다.

　미당(未堂) 서정주 선생께서 쓴 시, 「국화 옆에서」의 첫 대목이다. 앞 장에서 문장 구성하기, 논증하기, 논제 파악하고 개요 짜기 등을 공부한 것은 논술을 잘하기 위한 준비였다. 그 중에 제5장(논술의 기초, 어떻게 다질까)은 제8장의 중심적인 토대다. 그래서 제5장을 다시 읽고서 제8장을 공부하면 논술 실력을 쌓는 데 더 도움이 된다. 이제 논술을 어떤 요소들로, 어떻게 작성해야 하는지 확실하게 알아보자.

규칙 1. 논술의 흐름과 요소를 파악하자

논술을 구성하는 부분에는 무엇, 무엇이 있을까? 이 질문에 초등학생도 용수철 튀어 오르듯 서론, 본론, 결론, 이렇게 대답한다. [그림 8-1]은 논술을 구성하는 부분과 각 부분에 들어갈 요소를 일목요연하게 나타냈다. 논술의 구성 체계를 여러 번 보고, 논술의 틀(흐름)을 사진 찍듯이 머릿속에 담아두자.

논술은 서론-본론-결론으로 구성된다. 서론에서는 논술 문제 전체에 대한 '큰 주장'을 잠정적으로 제시하고, 본론에서는 **잠정적 결론(대주장)**을 뒷받침하고, 타당화하기 위해 하위 논제별로 '작은 주장'을 쓴다. 그런 다음에 본론에서

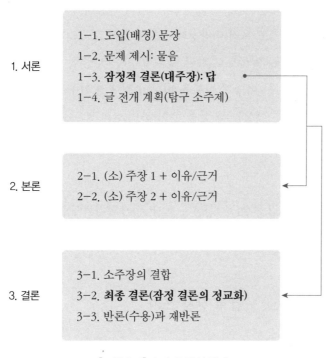

[그림 8-1] 논술의 구성 체계

쓴 작은 주장들을 묶어 서론에서 미리 제시했던 잠정적인 결론(큰 주장)을 보다 정교화하여 최종적인 주장(결론)을 쓰면 된다. 이처럼 논술은 **산골짜기**(서론의 잠정적 주장)에서 시작하여 **강**(본론의 소주장)을 지나 **큰 바다**(결론의 최종 결론)에서 하나로 모아지는 물의 흐름과 같다. [그림 8–1]에서 화살표를 눈여겨보자.

• 논술은 서론–본론–결론으로 구성된다.

　논술은 서론–본론–결론으로 구성되고, 물의 흐름처럼 하나로 연결되어야 한다면, 각 부분에 어떤 요소가 포함되어야 할까? 논술을 구성하는 각 부분에 들어갈 요소를 정확하게 알고 써야 논술의 달인이 될 수 있다.

 규칙 2. **서론은 미리 가 보는 모의주행이다**

• 서론 = 모의 주행

　서론은 내비게이션, 그중에서도 모의주행의 기능을 한다. 여행을 떠나기 전에 내비게이션을 켜고 목적지(잠정적 결론)를 정하고 거리가 얼마나 되는지, 고속도로로 가야 빠른지 국도로 가야 좋은지, 가는 도중에 둘러 볼 곳은 없는지 등을 미리 알아본다. 이렇게 여행을 떠나기 전에 모의주행을 하여, 한번 미리 가보는 것처럼 서론에서는 왜 글을 써야 하며(글의 결론이나 주장), 본론에서는 무엇(탐구 소주제)을 어떻게 써야 할지 계획하여 제시하자.

> ① 글의 전제(도입 문장) → ② 문제 제기 → ③ 잠정적 결론(대주장) →
> ④ 글 전개 계획(탐구 소주제)

1. 글의 전제로 도입 문장을 쓰자

• 전제란 무엇인가?

전제(前提)란 문제나 주제와 관련하여 일반적이고, 공통적으로 가지고 있는

신념이나 믿음으로, 결론을 이끌어내기 위한 토대다. 서론의 앞자리에 전제에 해당하는 내용으로 한 문장을 쓰고 글을 시작하여야 좋은데, 그 문장을 **도입 문 장**이라 한다. 글을 읽는 사람들이 편안하게 읽고, 글쓴이가 주장하는 바를 잘 받아들이도록, "아, 그렇지, 맞아"라고 여기고 있는 내용 또는 배경 지식을 담 아 쓴 첫 문장이 도입 문장이다. 도입 문장은 글 전체를 포괄하는 일반적인 신 념이나 배경 지식, 즉 전제로 써야 한다는 것을 명심하자.

• 도입 문장을 어떻게 써야 할까?

【논술 예제】

김 아무개 교사는 세 학생들이 나누는 대화를 듣고 스스로 공부하는 능력을 키우도록 맞춤식 학습상담을 하고자 한다. '내'가 김 교사라면 어떻게 할지 답하시오. 첫째, 자기주도학습의 구성 요소를 학생이 말한 내용의 순서대로 간단하게 정의하고 예를 드시오. 둘째, 밑줄 친 (가)~(다)의 내용에 비추어 세 학생에게 필요한 자기주도학습의 요소를 <u>구체적으로 정해 지도 방안을 각 각 두 가지씩 논하시오.</u>

진숙: 나는 지금까지 용돈을 더 받거나 친구, <u>가족들에게 공부 잘하는 학생이 라는 인정을 받고 싶어서 공부했던 것 같아.</u> 그런데 공부를 그렇게 해 서는 안 될 것 같아. (가) <u>내가 발전하고, 살아가는 데 필요하다고 생각 해서 공부해야 하는데 말이야.</u>

경철: 나는 나름대로 공부하는 방법을 잘 실천하고 있다고 생각해. 책을 읽을 때에도 그냥 읽는 게 아니라 중요한 내용에 밑줄을 긋거나 여백에 메모 를 하면서 읽거든. (나) <u>그렇지만 수학 과목 공부할 때나 시험을 보고 나서 오답노트를 만들지는 않았어.</u> 솔직히 수학 공부할 때 개념이나 풀 이 과정을 제대로 알면 그만 아닐까.

> 영미: 난 공부할 때 주의집중이 어려워 지난 여름방학에 명상훈련을 받았더니 꽤 좋아졌어. 스스로 마음을 정돈할 수 있고, 주변의 소음이나 방해 요소를 통제할 수 있더라고. 그렇지만 아직도 (다) 컴퓨터 게임 때문에 부모님과 갈등도 있고 학교 수업 시간에 졸기도 하거든. 체계적으로 공부하기 위해서도 뭔가 계획이 필요해.

　예제는 '자기주도적 학습 방법의 지도'에 대해 논술하라는 것이다. 그렇다면 도입 문장을 다음처럼 쓰면 되지 않을까.

- 도입 문장(전제)
  ↳ 학업성취가 높은 학생들은 그렇지 않은 학생들에 비해 스스로
  　공부하는 습관을 갖고 있다.

　이 문장을 읽고, "에이, 말도 안 돼. 그런 게 어디 있어." 이렇게 말하는 사람은 없을 것이다. 대부분의 사람은 공부를 잘하는 학생들은 스스로 공부하는 습관을 가지고 있다고 믿기 때문이다. 전제는 일반적인 믿음이나 신념으로 표현해야 한다는 사실을 다시 기억하자. 이렇게 도입 문장을 쓰면, 읽는 사람들은 이 글이 자기주도학습의 필요성과 관련된 글이고, 교사들은 학생들에게 자기주도적으로 학습하는 습관과 방법을 강조하고, 가르쳐야 한다는 사실을 연결하여 생각할 것이다. 그래서 전제는 자동차의 엔진과 같고, 항해하는 배의 돛에 비유할 수 있다.

　전제를 쓸 때 명심할 사항이 있다. 전제는 글의 주제와 주장을 뒷받침하는 배경으로, 일반적이고 포괄적이어야 한다. 그렇다고 글의 주제나 주장과 너무 먼 데서 전제를 가져와서는 안 된다. 자기주도학습의 필요성과 지도 방법에 관한 글에서 "교육의 3요소는 교사, 학생, 교육 내용이다."라는 전제로 도입 문장

- 전제가 갖추어야 할 조건은 무엇인가?

을 쓴다면 어떨까. 전제는 일반적이고 포괄적이면서도 글의 주제와 결론, 주
장에 맞닿은 내용이어야 한다.

2. 논제가 무엇인지 파악하여 '나'의 말로 쓰자

서론에서 전제로 도입 문장을 썼다면, 그다음에는 논술 문제, 즉 **논제**(論題)
가 무엇인지 정확하게 파악하여 써야 한다. 논제가 주어졌는데 이를 다시 쓰라
니, 의아할 수도 있다.

• 논제란?

교원 임용 시험에서 논술 문제는 교육 상황이나 사례를 예로 든 제시문과 함
께 세 개 이상의 하위 논제로 제시된다. 따라서 논술 문제를 정확하게 이해하
자면 논제들과 제시문을 잘 연결하여 논제의 내용을 구체적이고 정확하게 독
해하여야 한다. 특히, 논제가 두 개 이상이면 중심 논제를 찾아내고, 논제들 간
의 관계를 파악하는 것도 중요하다. 또한 배점 기준, 서술 형식 등을 잘 읽고,
출제(자)의 요구를 파악해야 한다. 결국 서론에서는 중심 논제를 중심에 두고
논제를 한두 문장으로 명료하게 쓸 필요가 있다.

왜, **논제와 제시문을 연결**하여 파악한 다음에 문(논)제가 무엇인지 써야 할까.

• 논제를 제시문과 연결하
여 파악해야 하는 이유
 −답을 하기 위한 사고
 −평가자에게 호의적
  인상
 −답의 힌트 얻기

첫째, 논제를 정확하게 파악하고자 노력하는 과정에서 어떻게 답(주장)을 해
야 하는지 명료해지기 때문이다. 모든 시험이 그런 것처럼 논술 또한 묻고 답
하는 것이다. 문제를 '나'의 생각으로 명료하게 표현(제기)할 수 있다면 어떻게
답을 해야 할지 더 분명해진다. 출제자가 낸 문제를 수동적으로 받아들이는 데
그치는 것보다 능동적으로 논제와 제시문을 연결하여 파악하고 기술하면 더
깊이 있는 사고를 할 수 있다.

둘째, 논술 평가자에게 논제를 잘 알고 있구나 하는 신호를 줄 수 있다. 그렇
게 되면 평가자는 글쓴이에 대해 호의적인 이미지를 가질 것이다.

셋째, 문제와 제시문에서 어떻게 써야 좋은지 힌트를 얻을 수 있다. 문제와
제시문에는 답의 힌트가 되는 중요한 핵심 개념들이 들어 있다. 이를 잘 간추

리면 어떻게 주장해야 하는지, 글의 맥(脈)을 찾는 데 도움이 된다.

　예제를 다시 읽고 논제를 써 보자. 이 논술 문제는 논제가 두 개라서 비교적 간단하여 두 번째 문제가 중심 문제라는 것을 쉽게 알 수 있다. 그렇다면 두 번째 문제, 즉 중심 논제를 바탕에 두고 문제를 제기하는 문장을 써 보자.

• 왜 문제 제기를 해야 하는가?

• 문제 제기(질문)

　└ 학생들에게 자기주도적 학습 방법을 맞춤식으로 지도하려면 어떻게 하여야 할까?

　문제를 제기하는 문장을 의문문으로 쓰면, 문제를 풀고 싶은 호기심이 더 생기고 집중할 수 있다.

3. 잠정적인 결론을 쓰자

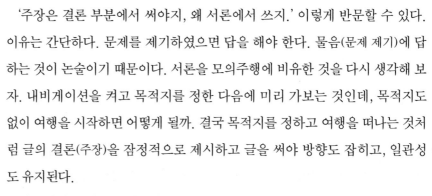
• 서론에서 잠정적인 결론을 써야 하는 이유를 생각해 보자.

　'주장은 결론 부분에서 써야지, 왜 서론에서 쓰지.' 이렇게 반문할 수 있다. 이유는 간단하다. 문제를 제기하였으면 답을 해야 한다. 물음(문제 제기)에 답하는 것이 논술이기 때문이다. 서론을 모의주행에 비유한 것을 다시 생각해 보자. 내비게이션을 켜고 목적지를 정한 다음에 미리 가보는 것인데, 목적지도 없이 여행을 시작하면 어떻게 될까. 결국 목적지를 정하고 여행을 떠나는 것처럼 글의 결론(주장)을 잠정적으로 제시하고 글을 써야 방향도 잡히고, 일관성도 유지된다.

• 서론 = 한 편의 글

　서론에서 주장을 잠정적으로 써야 하는 이유는 또 있다. 서론은 그 자체가 한 편의 글이기 때문이다. 글을 읽는 사람이나 평가자가 서론만 읽고도 왜 이 글을 쓰는지, 주장하려는 바가 무엇인지를 알아챌 수 있다면 그게 좋은 글이다. 글은 읽는 사람을 위해 쓰는 것이기 때문이다. 고로 서론은 단순히 논술을 구성하는 세 부분 중에 하나라는 생각에 머물러선 안 된다. 글을 써 놓고 본론과 결론을 가린 상태에서 서론만 읽고도 글의 전체적인 의미가 통한다면, 글쓴이의 생각, 주장을 명료하게 알 수 있다면 '잘 쓴' 글이다.

서론에서 주장을 잠정적으로 쓸 때 모든 하위 논제를 모두 포함하여 잠정적인 결론을 내리기는 힘들다. 그렇게 하면 서론에 들어갈 문장 수가 너무 많아진다. 따라서 잠정적 결론을 쓸 때 하위 주장들을 전부 포함하기 어렵다면, (문제 제기에서처럼) **중심 논제**에 대해서만 **잠정적인 결론**을 내리면 된다. 두 번째 논제를 중심에 두고 쓴 잠정적인 결론을 보자.

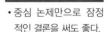

• 중심 논제만으로 잠정적인 결론을 써도 좋다.

- 잠정적 결론(대주장)
  - ↳ 학생들이 내적 동기를 기르고, 인지적 기술을 습득하며, 목표 수립 등 행동 조절을 하도록 지도해야 한다.

서론에서 잠정적인 결론(대주장)을 내리기가 쉽지만은 않다. 그렇지만 크게 걱정하지 않아도 된다. 말 그대로 잠정적인 결론이므로 논리적인 비약이나 모순이 없다면 너무 깊고 자세하게 쓰지 않아도 된다.

4. 본론에서 글을 어떻게 전개할지 밝히자

텔레비전 드라마를 보다 보면 다음 편을 예고해 주면서 끝이 난다. 그러면 시청자는 줄거리를 생각하거나 궁금증을 갖고 다음 방송을 기다린다. 논술도 마찬가지다. 서론의 끝에서, 본론을 어떻게 작성할 것인지 말해 주면, 글을 읽는 사람은 (글 쓰는 이가) 본론을 어떻게 꾸밀지 궁금증이나 호기심을 갖게 될 것이다. 이렇게 되면 글을 쓰는 사람이 읽는 사람을 끌고 가는 셈이다.

- 글 전개 계획(탐구 소주제)
  - ↳ 본론에서는 자기주도학습의 구성 요소를 설명한 다음에(①), 동기조절-인지조절-행동조절 방법을 두 가지씩(②) 쓰겠다.

①은 첫 번째 논제, ②는 두 번째 논제를 언급하였다. 글을 전개하는 계획을 쓸 때는 가급적 하위 문제를 모두 포함하는 것이 좋다. 그렇지만 이렇게 하려면 써야 할 문장이 많아 서론이 길어지는 문제가 있다. 이때 압축의 묘미를 살리자.

한편 문장 ②의 끝부분(밑줄 친 내용)에 주목해 보자. '두 가지씩'이라 하고, 그 내용을 적지는 않았다. 어떻게 하는 게 좋을까? 두 가지 내용을 구체적으로 서술하려면 서론의 내용이 많아질 수 있다. 그래서 자기주도학습 전략을 지도하는 세 가지(동기조절, 인지조절, 행동조절) 요소를 언급하는 것으로 갈음하였다.

지금까지 논술의 첫 번째 구성 부분인 서론을 어떻게 써야 하는지 공부하였다. 시작이 반이라 했으니, 서론 쓰기의 중요성과 그 요령을 확실하게 정리하고서 본론 쓰기로 넘어가자.

서론 쓰기의 중요성과 요령

첫째, 서론은 첫인상이다. 첫인상이 그 사람의 이미지를 결정하듯 논술도 그렇다.

둘째, 서론은 한 편의 글이다. 서론만 읽고도 글을 쓰는 이유, 글 쓰는 이의 주장, 본론에서 쓸 내용을 알 수 있어야 한다.

셋째, 서론을 구성하는 요소별로 한 문장씩 쓰되, 4문장 이내로 하자. 글도 속도감이 있어야 한다.

넷째, 문제를 제기하는 문장은 생략해도 좋으나, 잠정적 결론은 꼭 쓰자. 나침반이 있어야 길을 찾아갈 수 있다.

이제까지 공부한 요령을 한눈에 볼 수 있도록 서론의 요소들을 한 문단으로 묶었다.

"(전제-도입 문장) 학업성취도가 높은 학생들은 그렇지 않은 학생들에 비해 스스로 공부하는 습관을 갖고 있다. / (문제 제기) 학생들에게 자기주도적으로 학습하는 방법을 맞춤식으로 지도하려면 어떻게 하여야 할까? / (잠정적 결론) 학생들이 내적 동기를 기르고, 인지적 기술을 습득하며, 목표 수립 등 행동을 조절하도록 지도해야 한다. / (글 전개 계획) 이 글에서는 자기주도학습의 구성 요소를 설명한 다음에, 동기조절-인지조절-행동조절 방법을 두 가지씩 쓰겠다."

하나로 묶은 네 개의 문장을 괄호 안에 쓴 문장의 기능을 생각하면서 천천히 읽어 보자. 한 문단으로 된 서론만 읽고도 글을 쓰는 이유, 글쓴이의 주장, 본론에서 전개할 내용 등을 명료하게 이해되지 않는가?

규칙 3. 본론은 3중주로 쓰자

1. 주장 → 이유 → 근거

본론에서는 서론에서 밝힌 잠정적 결론(대주장)을 하위 주장으로 나누어 타당화하고 입증하여야 한다. 고로 본론에서는 논제마다 소주장을 쓰고, 그에 맞는 이유나 근거를 적절하게 대는 것이 중요하다. 그렇게 하려면 한 문단을 최소한 세 문장으로 서술하여야 한다. 논제마다 3문장으로 써야, '나'의 생각이나 의견을 충분하게 표현할 수 있고, 문장(생각)들의 의미가 구체적이고, 일관적으로 표현될 수 있다. 이를 **본론 쓰기의 3중주(重奏)** 원칙이라 하자.

본론에서 소주장을 하고 이유나 근거를 뒷받침하여 문단을 구성할 때 3중

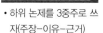

• 하위 논제를 3중주로 쓰재(주장-이유-근거)

주의 원칙을 따른다는 게 무슨 말인가. 각 논제마다 소주장을 쓸 때 ① 주장 → ② 이유 → ③ 근거가 짝이 되도록 순서대로 배열해야 한다는 뜻이다. 주장, 이유, 근거가 어떻게 다른지는 앞 장에서 공부하였지만, 복습하는 의미에서 다시 정리해 보자.

주장은 글쓴이의 생각이나 견해를 말하고, **이유**는 주장을 뒷받침하는 모든 진술 또는 하위 주장을 말한다. 근거란 이유를 타당하게 하는 구체적인 예나 사실, 통계 등이다. 이유는 글쓴이가 생각해 낸 것인 반면, 근거는 객관적으로 존재하는 사실이기 때문에 글쓴이가 생각해 낸 것이 아니라는 것도 상기하자.

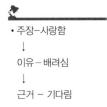

- 주장–사랑함
  ↓
  이유–배려심
  ↓
  근거 – 기다림

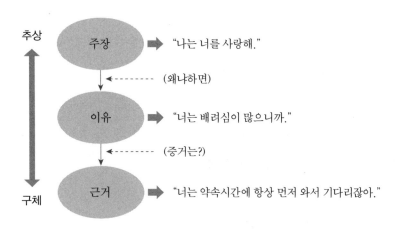

[그림 8-2] 본론(하위 주장)의 사교 체계

어떤가? "나는 너를 사랑해(주장). ② 왜냐하면 너는 배려심이 많으니까(이유). ③ 너는 나하고 약속하면 항상 먼저 와 있거든(근거)" 이렇게 쓰면 3중주의 글이다. 이때 주장은 추상적이고, 근거는 구체적이며, 이유는 그 중간이라는 점을 상기하자. 또한 주장을 하고 이유를 생각할 때는 '왜냐하면'이라는 접속사를 생각하고, 이유에 대한 근거를 생각할 때는 그 증거는 무엇인지, 이렇게 연결을 떠올리면서 글을 쓰자.

2. 주장 → 방안(하위 주장) → 예(하위-하위 주장)

일반적으로 주장-이유-근거를 연속하여 쓸 때는 주장과 이유 사이에 '왜냐하면~'이라는 표현을 넣어 생각하고, 이유와 근거 사이에는 '그 증거는~'이라는 표현을 생각하면 좋다는 것도 앞에서 공부했다. 그런데 문제 해결을 위한 실용 주장을 할 때는 융통적으로 생각할 필요가 있다. 중심 논제인 자기주도학습 전략의 지도 방안 중 첫 번째(동기 조절)를 예로 들어 보자.

> • 지도 방안 1
> 진숙에게는 외부의 보상보다는 내적인 만족감을 얻기 위해 공부하도록 내적 동기 전략을 가르쳐야 한다(①). / 첫째, 수행목표를 정하고 공부하여 학습목표에 비추어 자신의 학습 정도를 스스로 확인하게 하여야 한다(②). / 예컨대, 단원을 공부하고서 10문제 중 8문제를 맞히면 학습목표에 도달한 것으로 정하고 공부하는 습관을 갖게 한다(③). / 둘째, 공부하기 전에 학습의 실용적 가치를 스스로 인식하게 한다(④). / "비만도 계산 공식을 알면 스스로 비만 정도를 확인할 수 있을 거야."(⑤) 이렇게 되뇌도록 한다.

앞 문단에서 문장 ①은 주장이고, ②와 ④는 ①의 두 가지 방법을 나타내는 하위 주장이다. 그리고 ③과 ⑤는 각각 ②와 ④의 구체적인 예에 속한다. 이처럼 실용 주장의 경우에 이유, 즉 하위 주장에 해당하는 것이 '방안'이고, 근거에 해당하는 것이 '예'다. 이렇게 보면, 예문 역시 '주장 → 방안(하위 주장) →예'로 이어지는 3중주의 글이다.

• 주장
↓
이유(방안)
↓
근거(예)

3. 주장 → 이유/근거 → 재주장

앞의 '지도 방안 1'의 둘째에 밑줄 친 문장(⑥)을 추가하여 다음처럼 고쳐 썼다.

> • 원래 글
> 둘째, 공부하기 전에 학습의 실용적 가치를 스스로 인식하게 한다(④). / "비만도 계산 공식을 알면 스스로 나의 비만 정도를 확인할 수 있을 거야"(⑤).
>
> • 고친 글
> 둘째, 공부하기 전에 학습의 실용적 가치를 스스로 인식하게 한다(④). / "비만도 계산 공식을 알면 스스로 나의 비만 정도를 확인할 수 있을 거야"(⑤). / <u>공부의 실용적 가치를 알면 공부하는 보람을 맛보게 되어 내적 동기가 더 유발될 수 있다(⑥).</u>

고친 글은 '주장(④) → 방안(이유)(⑤) → 재주장(⑥)'으로 표현되었다. 첫 문장에서 주장을 하고, 마지막 문장에서 첫 문장의 의미를 추가하거나 정교화하여 다시 표현하는 방식을 썼다. 이렇게 표현하면 어떤 효과가 있을까? 고친 글처럼 문단을 구성하는 방식을 양괄식 표현이라 하는데, 글을 읽는 사람에게 글

• 계열 위치 효과가 논술에서 시사하는 바를 알아보자.

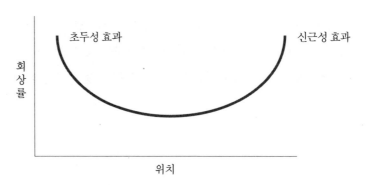

[그림 8-3] 자유회상검사의 계열 위치 효과(권대훈, 2009: 204)

쓴이의 생각이나 의견을 더 믿거나 수긍하도록 하는 이점이 있다. 이를 인간의 정보 처리를 설명하는 **계열 위치 효과**에서 찾을 수 있다.

계열 위치 효과는 정보가 위치하는 순서에 따라 기억의 효과가 달라지는 것을 설명해 준다. 첫 부분에 제시되는 정보(항목)와 뒷부분에 제시되는 정보는 중간에 제시되는 항목에 비해 회상률이 높은 것으로 나타났다. 이를 **초두성 효과**(初頭性 效果, primacy effect), **신근성 효과**(新近性 效果, recency effect)라 하는데, 전자는 앞에 입력된 정보가 없어서 회상률이 높고, 후자는 그 뒤에 새로운 정보가 입력되지 않아서 잘 기억된다고 볼 수 있다. 중간에 있는 정보의 회상률이 낮은 이유는 앞과 뒤에 입력된 정보가 회상을 방해하기 때문이다(이를 기억이론에서는 간섭설이라 한다).

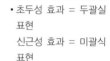
• 초두성 효과 = 두괄식 표현
신근성 효과 = 미괄식 표현

여기서는 논술에서 (하위) 주장을 글(문단)의 어느 부분에 놓아야 좋은지를 계열 위치 효과를 말하는 초두성 효과나 신근성 효과와 연결 지어 설명하고자 한다. 앞에서 언급하였지만 주장을 문단의 맨 앞에 놓는 것(두괄식 표현)은 초두성 효과를, 주장하는 문장을 문단의 맨 뒤에 쓰면(미괄식 표현) 신근성 효과를 살리는 셈이다. 그런데 **주장과 재주장을 동시에 하면 초두성 효과와 신근성 효과를 동시에 살리는 글쓰기**가 되어 자신의 주장을 읽는 이에게 반복적이고 더 확실하게 전달할 수 있다.

'규칙 3'에서 한 가지 더 공부하자. 주장은 문단의 첫 문장에 써야 좋다. 문단의 맨 앞에 글쓴이의 의견을 놓는 것을 **두괄식 표현**이라 하는데, 그렇게 하면 글을 읽는 사람들에게 더 확신을 준다. 이 또한 계열 위치 효과로 이해할 수 있다. 다른 정보가 입력되기 전에 주장을 하면 더 또렷하게 입력되는 효과가 있다.

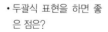
• 두괄식 표현을 하면 좋은 점은?

본론 쓰기의 중요성과 요령

첫째, 본론은 잠정적 결론과 최종 결론을 이어 주는 허리다. 허리가 튼튼해야 몸이 건강해진다.

둘째, 논제별로 문단을 구성하자. 논제별로 한 문단씩 쓰되, 서술할 내용이 많으면 한 논제를 두 개 이상의 문단으로 써도 괜찮다.

셋째, 각 문단은 최소 3개의 문장으로 구성하고, 3중주로 표현하자.
: '주장-이유-근거'/'주장-방안(하위 주장)-예'/'주장-방안(이유/근거)-재주장'

넷째, 주장은 첫 문장에 쓰자. 그러면 '잘 알고 있다'는 느낌과 확신을 준다.

규칙 4. 결론, '한 편의 글'로 쓰자

• 결론 = 한 편의 글
    ↑
－본론 종합
－최종 결론
－반론 수용/재반론

서론, 본론, 결론은 모두 각각 한 편의 글이다. 앞에서 강조했듯이 논술을 구성하는 부분은 각각 한 편의 글이라는 생각을 가져야 하지만 결론은 더 그렇다. 결론에서 '결(結)'은 '매듭 짓는다'는 뜻이므로 서론과 본론을 읽어 보지 않고 결론만 읽고도 글쓴이가 왜 이 글을 썼는지, 주장하는 바가 무엇인지 종합적으로 알 수 있게 해야 한다. 결론 부분은, ① 본론 종합 → ② 최종 결론 → ③ 반론 수용과 재반론의 순서로 쓴다.

1. 본론을 종합하자

결론에서는 본론에서 말한 소주장들을 하나로 묶어 두세 문장으로 다시 써야 한다. 다시 말해 결론 부분의 첫머리에서는 본론을 종합해야 한다. 이때 압축의 묘미를 살려야 하는데, 결론이 너무 길어지면 또 다른 본론이 되어 글 전체가 지루한 느낌을 준다. 본론을 종합하려면 논제 전체의 소주장을 읽고, 개조식으로 요약해야 한다. 본론을 종합할 때도 너무 길어지지 않도록 유의하는 것이 필요하다. 그래서 중심 논제를 중심으로 본론을 요약하여 종합하는 연습을 해야 한다. 이런 맥락에서 첫째 논제를 생략하기로 한다. 예제의 소주장(②)들을 꼼꼼히 읽어 보자. 밑줄 친 부분은 본론을 개조식으로 요약할 내용에 해당한다.

▶논제 2의 소주장 ①

진숙에게는 외부의 보상보다는 내적인 만족감을 얻기 위해 공부하도록 내적 동기 전략을 가르쳐야 한다. 첫째, 숙달목표를 정하고 공부하여 학습목표에 비추어 자신의 학습 정도를 스스로 확인하게 하여야 한다. 예컨대, 단원을 공부하고서 10문제 중에 8문제를 맞히면 학습목표에 도달한 것으로 정하고 공부하는 습관을 갖게 한다. 둘째, 공부하기 전에 학습의 실용적 가치를 스스로 인식하게 한다. "비만도 계산 공식을 알면 스스로 나의 비만 정도를 확인할 수 있을 거야."라고 되뇌게 하는 것이 예다.

▶논제 2의 소주장 ②

경철에게는 학습 전략과 함께 이해 점검 전략 등 메타인지 기술을 실천하게 지도해야 한다. 첫째, 책을 읽을 때 제대로 이해하고 있는지를 점검하면서 읽도록 한다. 한 문단을 읽고 난 다음 책을 덮은 상태에서 핵심 개념을 소리 내어 정의해 보고, 예를 생각하게 한다. 둘째, 자신이 활용하고 있는 인지(학습) 전략이 효율적인 것인지 분석하여 더 좋은 방법을 찾도록 한다. 예컨대, 밑줄 긋기 등 친구들이 하는 방법을 관찰하고 비교하면 자신의 장점과 단점을 알게 될 것이다.

▶논제 2의 소주장 ③

영미는 학업 환경 등 행동조절 방법을 가르쳐야 한다. 첫째, 현재 수준을 고려하여 학습 계획을 세우고, 시간을 체계적으로 관리하는 요령을 알려 주어 실천하게 한다. 이때 학생이 실천 가능한 수준에서 계획해야 그대로 실천하여 자신감을 가질 수 있다. 둘째, 게임 시간을 관리하기 위해 부모님과 행동 계약을 하게 한다. 게임 시간을 차츰 줄여 나아가는 방식으로 하되, 그에 따른 보상을 준다.

이제 별지에 논제별로 하위 주장과 이유를 묶어 간단하게 개조식으로 요약
하여야 한다.

• 본론 요약

논제 2–①	• 내적 동기 전략 → 학습목표에 초점을 두는 숙달목표 수립 + 학습의 실용적 가치 알기
논제 2–②	• 메타인지 전략 → 학습기술의 사용, 각각의 효율성 비교 판단하기 + 이해점검 전략 등 메타인지 능력 요구
논제 2–③	• 행동조절 → 현재 수준을 고려하여 계획 수립 + 행동 계약에 따른 보상 기법 활용

이렇게 본론에서 주장한 내용을 개조식으로 정리하면 본론을 종합하기 위
한 발판을 마련한 셈이다. 이 내용들을 중심으로 본론을 종합했는데, 꼼꼼하
게 읽어 보자.

• 본론 종합
└ 학생들이 자기주도적 학습을 잘하도록 하려면 <u>다른 학생들과의 비교
에 초점을 두는 수행목표보다는</u> 학습 그 자체에 초점을 두는 숙달목표와
학습의 실용적 가치를 중시하도록 해야 하며, 학습 기술을 사용하되, 이
해 점검 전략 등 메타인지 능력을 계발하도록 해야 한다. 또한 학생의 현
재 수준을 고려하여 행동 계약을 하고 보상 기법을 적절하게 활용하되, <u>부
모나 교사보다는 학생이 주도적으로</u> 결정하게 해야 한다.

본론을 종합한 내용을 생각하면서, 이때 고려할 사항을 찾아보자.
첫째, 종합이 '요약'에 그치지 않도록 약간의 덧붙이기를 하자. 본론을 종합
한 내용에서 밑줄 친 부분에 주의를 기울이자. 요약의 소주장 2–①에서는 숙

달목표라는 개념만을 사용하였는데, 본론 종합에서는 (설명과 함께) 수행목표
라는 개념을 대비시켜 본래 쓴 숙달목표를 강조하였다. 또한 소주장 2-③의
내용도 '교사나 부모보다 학생 주도적으로 결정하게 해야 한다.'를 추가하여
의미를 더 깊게 하였다. 이처럼 본론을 종합할 때는, 본론의 소주장에 약간 추
가하거나 의미를 더 깊게 하면 주장을 더 타당하고, 믿을 만하게 할 수 있다.

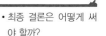
• 본론 종합하기
 −요약에 덧붙이기
 −중심 논제에 초점

둘째, (서론에서처럼) 본론을 종합할 때도 모든 논제를 포함하기 어렵다면 중
심 논제만으로 서술해도 된다. 논제를 다 포함하다 보면 문장이 많아지고, 압
축의 맛을 살리기도 어렵다. 예시에서 소주장 1은 따로 요약하지 않은 이유다.

2. 잠정적 결론을 정교화하여 최종 결론을 쓰자

이제 본론에서 밝힌 소주장들을 종합한 내용을 토대로, 서론에서 잠정적으
로 내린 주장을 정교화하여 '최종적인' 결론을 써야 한다([그림 8-1]을 다시 음미
해 보자). **정교화**란 자신의 주장을 더 깊이 있고, 확실하게 하는 것이다. 서론에
서 논술을 쓰기 위한 나침반으로 제시한 잠정적 결론을 소주장들을 종합한 내
용(결론의 첫머리, 4-1)을 토대로 '나'의 최종적인 주장을 쓰는 것이 정교화다.
그림에서 말하는 화룡점정(畵龍點睛)에 비유할 수 있다. 용을 아무리 잘 그렸
어도 마지막에 눈을 살아 있는 것처럼 제대로 그리지 못하면 용의 맛이 나지
않는다. 논술도 마찬가지다. 아무리 본론을 잘 썼어도 결론에서 최종적인 결
론을 확실하게 제시하지 못하면 헛수고를 한 셈이다. 그래서 논술에서는 최종
결론을 제대로 쓰는 것이 매우 어렵지만 글에 생명력을 넣어 주는 결정타라는
점을 명심해야 한다.

• 최종 결론은 어떻게 써
 야 할까?

• 잠정적 결론과 본론 종합

잠정 결론	학생들이 내적 동기를 기르고, 인지적 기술을 습득하며, 목표 수립 등 행동을 조절하도록 지도해야 한다.

본론 종합	학생들이 자기주도적 학습을 잘하도록 하려면 다른 학생들과의 비교에 초점을 두는 수행목표보다는 학습 그 자체에 초점을 두는 숙달목표와 학습의 실용적 가치를 중시하도록 해야 하며, 학습 기술을 사용하되, 이해 점검 전략 등 메타인지 능력을 계발하도록 해야 한다. 또한 학생의 현재 수준을 고려하여 행동 계약을 하고 보상 기법을 적절하게 활용하되, 부모나 교사보다는 학생이 주도적으로 결정하게 해야 한다.

최종 결론은 서론의 ① 잠정적 결론과 ② '본론 종합'을 토대로 써야 한다. 이 때 중요하게 고려할 것이 있다. 바로 잠정적 결론에 쓴 핵심어와 본론의 하위 주장에 들어 있는 핵심어를 정리하여야 한다(밑줄 친 내용 참조). 그런 다음에 본론을 구성하는 핵심어를 정교하게 해 주는 개념을 생각하여 최종 결론을 쓰는 요소로 삼는다.

잠정적인 결론에 쓴 핵심어와 본론의 소주장을 구성한 핵심어를 찾고, 이를 정교화하여 최종 결론에 들어갈 핵심어 세 가지(① 학습의의와 내적 목표, ② 학습과정 피드백, ③ 학생 주도적 결정)를 추출하였다(다음의 '핵심어 찾기' 참고).

'최종 결론의 핵심어'를 토대로 최종 결론을 다음과 같이 서술하였다(이해하기 쉽고, 연결이 드러나도록 본론을 종합한 내용을 앞에 두었음).

【핵심어 찾기】

잠정 결론		본론 종합		최종 결론
내적 동기	➡	숙달목표와 학습의 실용적 가치	➡	학습 의의와 내적 목표
인지 기술		학습 기술 메타인지 (이해 점검 등)		학습과정 피드백
행동 조절		행동 계약 + 보상기법 학생 주도 결정		자기주도적 환경 통제

• 본론 종합

　학생들이 자기주도적 학습을 잘하도록 하려면 다른 학생들과의 비교에 초점을 두는 수행목표보다는 학습 그 자체에 초점을 두는 숙달목표와 학습의 실용적 가치를 중시하도록 해야 하며, 학습 기술을 사용하되, 이해 점검 전략 등 메타인지 능력을 계발하도록 해야 한다. 또한 학생의 현재 수준을 고려하여 행동 계약을 하고 보상 기법을 적절하게 활용하되, 부모나 교사보다는 학생이 주도적으로 결정하게 해야 한다.

• 최종 결론(잠정 결론의 정교화)

　결국 학생들이 자기주도적으로 학습하도록 하려면, **스스로 공부할 이유와 내적 동기, 목표를 찾고, 자신의 학업과 생활 환경을 스스로 통제하는 역량**을 키우는 가운데, **학습과정과 전략을 셀프 피드백**하여 개선하는 기회를 제공해 주어야 한다.

3. 반론 수용과 재반박을 쓰자

'내'가 쓴 글이 완벽하다면 최종 결론을 쓰는 것으로 '끝'이라 할 수 있다. 그 렇지만 그 누구도 반론을 제기하지 못할 만큼 완전한 글을 쓰기란 쉽지 않다. 그래서 한 단계를 더 거쳐야 마침표를 찍을 수 있다. 마지막 문장으로, 논증 기 법에서 공부한 반론 수용과 재주장을 써야 한다.

'나'의 주장(최종 결론)에 대해 반론을 제기하는 사람들의 의견을 수용하면서 그 주장(반론)에 다시 반박(재반론)을 하는 것이 논술의 마지막 문장이 되게끔 쓰자. 여기서 반박(재반론)은 반론을 방어하고, 공격하는 게 아니라 반대 의견 을 고려하여 '나'의 주장을 다시 합리적으로 펼치는 것을 말한다. 반론 수용과 재반박이 중요한 이유는 교원 임용 시험에서 논술이 필요한 이유에서 찾을 수 있다.

교사들은 학생들을 가르칠 때 균형 있는 사고나 주장을 해야 한다. 자신의 편견이나 감정에 사로 잡혀 비논리적으로 표현하거나 주장을 해서는 안 된다. 교사들은 학생들에게 상대방의 주장을 잘 듣고 '나'의 생각을 이유와 근거를 들어 합리적으로 표현하는 의사소통기술, 자기주장기술을 가르치고 강조하면 서 정작 자신은 수업할 때나 상담할 때 그렇지 못하면 모순이다. 그래서 교원 임용 시험에서도 논술 능력을 평가한다.

반론 수용과 재반론이 중 요한 이유는 무엇인가?

• 반론 수용과 재반박

> (반론 수용) 학생들이 자기주도적으로 학습하도록 하려면, 부모의 양육 태도 등 가정 환경도 중요하다. (재반박) 그렇지만 학생들의 자기주도적인 학습능력은 무엇보다도 <u>학생의 내재적인 요인을 강화</u>시켜야 지속적으로 발휘될 수 있다.

첫째 문장에서 반론(가정환경의 중요성)을 예상하고 수용하는 내용을 썼다. 그런 다음에 학생의 자기주도 학습 능력은 외부적 요인보다 학생 자신의 내적인 요인을 강화시키는 것이 더 중요하다고 다시 주장을 하였다.

결국 반론을 수용하는 가운데 자신의 주장을 다시 주장하면서 결론을 맺었다. 이렇게 반론을 예상(수용)하면서도 재반박을 해야 논술을 완벽하게 매조질 수 있다.

• '매조지다'의 뜻
─일의 끝을 단단히 단속하여 마무리한다.

실전 연습

제8장은 논술의 완성체라 할 수 있다. 논술의 구성 부분과 각 요소를 하나로 공부하였다. 이때 앞서 공부한, 논리적으로 사고하는 논증하는 요령을 익혀 반영해야 하는 것을 알았을 것이다. 이런 이유로, 이 책으로 논술을 공부할 때 제8장을 맨 먼저 익히되, 제5장(논술의 기초)을 함께 공부하는 것도 좋다. 이 장의 중요성을 생각하면서 심화 학습을 하자.

실전 1 다음 물음에 적합한 낱말을 쓰거나 간단히 서술하시오.

1. 서론의 구성하는 (　　　)는 여행할 때 내비게이션의 기능을 한다.

2. 서론에서 전제로 도입 문장을 쓸 때 실천해야 할 요령을 두 가지 쓰시오.
　① _____
　② _____

3. 3중주의 원칙을 반영하여 본론(하위 주장)을 쓴다는 것이 무엇을 의미하는지 설명하시오.
　① _____
　② _____

4. 주장–이유–근거를 예를 들어 설명하시오.

5. 논술의 최종 결론을 내리는 과정과 그 요령을 세 가지 쓰시오.

① _____

② _____

③ _____

6. '서론–본론–결론은 각각 한 편의 글이다.'라는 명제에 대해 설명하시오.

_____

_____

※ 실전 2 에 대한 실습은 제10장에서 심층적으로 해 봅시다.

제**9**장

논제 파악과 개요 짜기, 어떻게 해야 할까

교직으로 가는 길

    제8장에서 논술을 구성하는 요소와 작성 원리를 예제로 완성하면서 익혔다. 이제 실제 교원 임용 시험에서 논술을 치른다고 가정하고 공부해 보자. 시험에서 점수를 잘 받으려면 문제를 꼼꼼히 읽고, 문제가 요구하는 바를 정확히 이해해야 한다. 논술 시험도 마찬가지다. 논술 문제(논제)를 정확하게 읽고, 이를 토대로 개요 짜기를 제대로 해야 일목요연하게 쓸 수 있다. 논술 문제를 받으면 조급해하지 말고, 논제를 파악하고 개요 짜기를 잘하고 난 다음 글쓰기를 시작하자.

규칙 1. 문제가 어떻게 구성되는지 알자

교원 임용을 위한 논술 시험은 문제가 여러 개이고, 문제와 관련 있는 상황이나 배경, 사례를 담은 제시문을 포함한다. 또한 서술의 조건이나 배점 기준 등을 문제 하단에 제시하는 경우가 많다. 그래서 논술 문제를 제대로 파악하려면 평소에 (그것이) 어떻게 구성되어 있는지를 잘 살펴보아야 한다.

교원 임용 시험의 논술 문제는 세 부분─① 논제, ② 제시문, ③ 조건(배점 기준 등)─으로 구성되어 있다. 논제(論題)란 말 그대로 논술할 문제, 즉 글 쓰는 사람이 논의해야 할 문제다. 제시문은 시험에서 문제를 푸는 데 바탕이 되는 글로, 논제와 관련된 배경이나 상황, 사례 등을 적은 것이다. 조건은 답안을 작성할 때 지켜야 할 유의점, 배점 기준 등을 말한다. 이렇게 논술 문제는 크게 세 부분으로 제시되는 경우가 일반적이다.

• 논제–제시문–조건

그런데 교원 임용 시험의 경우 유치원 및 초등학교 교사 임용 후보자를 선발하기 위한 논술 문제와 중등학교 교사 임용 후보자를 선발하기 위한 문제가 약간 다르다. 241~245쪽에 있는 2023학년도 초등학교 교직 논술 문제와 중등학교 교육학 논술 문제를 비교해 보자.

초등학교 교원 임용 시험의 논술은 서두에 문제(논제)와 제시문을 큰 네모 안에 함께 제시하였다. 반면에 중등학교 교육학 논술은 문제라는 소제목 없이 논제를 제시하고, 네모 안에 제시문을 넣었다. 여기에서 문제라는 표현이 있든 없든 앞부분에 문제 형식으로 제시한 내용이 논제이고, 그 뒤에 주로 네모 칸에 상황이나 사례를 적은 내용이 제시문이라는 것쯤은 알고 있어야 한다(왜 그래야 하는지는 곧 알 수 있을 것이다). 결국 논술 문제는 논제와 제시문이 중심이라는 것을 기억하자.

• '내'가 치를 교원 임용 시험의 논술 문제가 어떻게 구성되는지 살펴보자.

초등 교직 논술과 중등 교육학 논술은 조건도 약간 다르다. 교직 논술의 경우, ① 답안 작성 시 유의 사항, ② 배점을 조건으로 삼았다. 반면에, 교육학 논술은 배점이라는 소제목으로, 답안 작성자가 써야 할 구체적인 내용, 논술의 구성 및 표현 방식, 각각의 배점을 나타내고 있다. 서로 조금씩 다르긴 하지만 논술의 조건이란, ① 논술에 포함해야 할 구체적인 내용이나 요소, ② 각 내용(요소)의 배점, ③ 논술의 표현 방식(명료성, 일관성, 타당성 등)으로 되어 있다. 교직 논술의 경우 원고지 분량과 정서법을 지킬 것도 요구한다(제5장 참고).

규칙 2. 출제 의도를 파악하자

규칙 1에서 논술 문제를 구성하는 요소를 알아보았다. 논술 시험을 준비하면서 이것들을 알아야 하는 이유가 무엇일까? 바로 출제(문제)의 의도를 잘 파악하여야 하기 때문이다. 모든 시험이 그렇듯 출제 의도를 잘 알고, 그에 맞게 답안을 작성하여야 점수를 잘 받을 수 있다.

특히 논술 시험은, 문제(논제)도 길고 복잡하며, 논제와 관련된 배경, 사례 등이 대개 대화체 형식으로 제시되고, 답안 작성의 조건이 구체적으로 제시되기 때문에 출제 의도를 제대로 파악하지 않고서는 원하는 점수를 얻기 힘들다. 모든 시험에서 그렇듯 논술에서도 문제를 건성건성 읽고서 '앗, 실수했다'고 말하는 학생들이 있는데, 그건 실력이 없는 것이나 다름없다.

그렇다면 출제 의도를 어떻게 파악해야 할까? 결론을 먼저 말하면 논제, 제시문, 조건을 정확하게 이해하는 한편, 세 요소를 유기적으로 연결하여 파악해야 한다.

논제 → 제시문 → 조건의
유기적 이해

1. 주제어를 찾자

논제를 자세하게 읽으면서 핵심적인 아이디어가 무엇인지 가려내자. 핵심적인 아이디어는 **논술의 핵심어**(key word), 즉 **주제어**로 표현된다. 2023학년도 중등 교육학 논술의 주제어는 '학생, 학부모, 교사의 의견을 반영한 학교 교육개선 방안'이라 볼 수 있다. 주제어는 논술 문제의 첫머리에 나올 수도 있고, 그렇지 않을 수도 있다. 주제어를 잘 찾기 위해서, 문제를 읽을 때 꼼꼼히 읽으면서 중요한 개념에 밑줄을 긋거나 동그라미를 치자(제7장 참고).

• 논제, 제시문, 조건을 연결하여 자세하게 읽고 주제어를 찾자.

한편 논제를 정확하게 파악하고, 이를 바탕으로 개요 짜기를 제대로 하려면 겉으로 표현된 개념을 찾는 데 그치지 말고, 보다 깊이 있게 확인해야 한다. 하위 논제들과 제시문을 다 읽고 나서 각각의 의미와 그들 간의 관계를 들여다보고 '나'의 생각과 언어로 이를 정의할 수 있어야 개요 짜기를 제대로 할 수 있다. 결국 교직 논술의 논제와 제시문을 연결하면, 핵심 아이디어 또는 주제어는 **학교 교육의 개선 방안**으로 정리할 수 있다. 이렇게 하면 개요 짜기를 하는 데 도움이 된다.

(겉에 핵심어)	(학생, 학부모, 교사의 의견을 반영한) 학교 교육 개선 방안
(깊은 핵심어)	교육과정, 교육평가, 교수 전략, 학교 운영의 측면에서 학교교육의 개선 방안

그런데 논제와 제시문을 더 깊게 들여다보면 '교육과정, 교육평가, 교수 전략, 학교 운영의 측면'에서 학교 교육의 개선 방안을 제시하는 것이 2023 교육학 논술의 핵심이라는 것을 알 수 있다.

결국 핵심 아이디어를 찾으려면, 논제와 제시문을 읽을 때 "무엇에 관한 문제이지?" 이렇게 자문(自問)하면서 읽는 태도를 가져야 한다.

2. 중심 논제를 찾자

• 중심 논제란?

논술은 대개 2개 이상의 하위 논제로 출제된다. 그런데 이들 논제가 서로 대등한 수준으로 제시된 경우도 있고, **중심 논제−하위(보조) 논제**의 관계로 제시되기도 한다. 논제들의 관계를 잘 파악해야 개요 짜기를 제대로 할 수 있다.

2023학년도 교육학 논술의 경우, 논제 1), 2), 3), 4)의 내용만 보면 서로 대등한 것처럼 보인다. 그러나 하단의 배점을 보면 그렇지 않다는 것을 금새 알 수 있다. 논술의 내용(총 15점) 중에 앞 세 문제는 배점이 각각 4점이지만 마지막 문제는 3점이다. 이 논술에서는 세 문제가 배점이 같지만 어떤 논술 문제는 한 문제가 배점이 많아 중심 논제인 경우가 있다. 이럴 경우 그 문제에 더 신경을 써야 한다.

꼭 기억하자. 출제자가 어떤 의도를 가지고 문제를 냈는지를 잘 파악하려면 하위 논제들의 관계를 분석하여 중심 논제를 찾아내어야 한다. 이때 각 문제에 주어진 배점을 따져 중요도를 비교해 보자.

3. 제시문을 읽고 논제에 대한 답을 생각하자

제시문은 논제를 떠받치는 사례, 상황, 배경을 적은 글로, 대화체나 요약문 형식으로 표현된다. 따라서 제시문을 읽으면서, 논제에 대한 답과 관련된 개념이나 절을 찾거나 어떻게 답을 해야 할지 힌트를 얻어야 한다. 이렇게 제시문을 자세하게 읽고 핵심 내용을 파악해야 비로소 논제를 정확하게 이해하였다 할 수 있다. 제시문의 내용이 무엇을 말하는지 확실하게 이해하지 못한 상태에서 논제에 제대로 답을 하기 어렵다.

예를 들어 보자. 2023학년도 교육학 교직 논술의 논제 3(학교교육과정 편성)

을 보면, 교육과정의 이론을 직접적으로 명시하는가 하면(경험 중심 교육과정), 그것을 유추할 수 있는 학자(브루너)도 언급하였다. 그리고 중간중간에 논술의 내용으로 써야 할 장점, 선정 · 조직 방안을 표현하였다. 아래 내용에서 밑줄 친 곳에 주의해 보자.

우리 학교에서는 <u>듀이(J. Dewey)의 경험 중심 교육과정 이론</u>에 근거하여 과목을 다양화하고 경험을 통한 학습이 가능하도록 하였다. 이 점이 학부모의 만족도를 높이는 데 영향을 주었을 것으로 분석된다. 한편, 학생들이 <u>지식에 더 중점을 두고 학습하기</u>를 희망하는 학부모의 의견이 있었다. 이를 반영하여 <u>학생들이 교과 학습에 도움을 줄 수 있도록 교육과정의 내용 체계를 보완</u>할 필요가 있다. 다음 학년도에는 <u>학문적 지식을 강조한 브루너(J. Brunner)의 교육과정</u> 이론을 바탕으로 교육내용을 선정 · 조직하는 방안을 <u>보다 체계화하여 균형 잡힌 교육과정을 편성 · 운영</u>해야 할 것이다.

밑줄 친 내용에 주의를 기울이면 본론을 쓸 때 도움이 된다.

4. 서술 조건에 유의하자

논제를 파악하는 것으로 출제 의도를 다 알았다고 생각하면 곤란하다. 서술 형식과 그 조건, 배점 기준까지 알아야 출제 의도를 파악하였다 할 수 있다. 2023학년도 교육학 논술을 보면, 맨 하단에 '배점'이라 하여, '논술의 내용'과 '논술의 구성 및 표현'을 나열하였다. 또 논술의 내용에는 배점도 써 있다. 즉, 서술하라는 세부 내용은 바로 논제들과 연관이 있고, 논제들의 중요도를 배점으로 나타낸 셈이다. 앞에서 보았지만 서술해야 할 내용별로 배점을 보면 어떤 논제가 중심 논제인지 알 수 있다. 특히, '방안 1가지처럼' 표현된 서술의 구

• 논술 문제를 보고 답안 작성의 유의점을 찾아 보자.

체적인 내용 요구를 꼼꼼하게 읽는 것이 중요하다. 논술의 구성 및 표현에서는 논리적 형식이나 표현의 적절성을 요구한다. 제2부(문장론)에서 공부한 것들이 여기서 빛날 것이다.

규칙 3. 개요 짜기는 첫 번째 쓰는 글이다

앞에서 논제를 정확하게 파악하는 방법을 공부하였다. 다시 생각해 보자. 왜 논제를 정확하게 파악하여야 할까. 그것은 개요를 잘 짜기 위해서다. 논제를 제대로 이해하여야 개요 짜기를 제대로 할 수 있다.

개요 짜기란 초고를 잘 쓰기 위해서 글 전체의 윤곽을 잡는 것이다. '논제 파악'을 바탕으로, 글의 주제문을 정하고, 논제별로 주장, 이유나 근거를 생각한 후 이것들을 종합하여 결론을 어떻게 쓸 것인지를 일관성 있게 설계하는 작업이 개요 짜기다. 개요를 작성하는 것은 집을 잘 짓기 위한 설계 작업에 비유될 수 있으며, 그림 그릴 때 스케치하는 과정과도 같다. 설계도도 없이 집을 짓는다면 어떤 일이 벌어질까. 초보자가 스케치를 하지 않고 그림을 잘 그릴 수 있을까.

• 개요 짜기 = 설계도

글의 개요 짜기는 첫 번째 글쓰기다. 일반적으로, ① 주제 설정 → ② 자료 조사 → ③ 개요 짜기 → ④ 초고 작성 → ⑤ 퇴고의 과정을 거쳐 한 편의 글이 완성된다. 이렇듯 초고를 작성하기 전에 개요를 짜야 하므로 개요 짜기가 첫 번째 글쓰기가 된다.

• 개요 짜기 = 첫 번째 글쓰기

개요 짜기는 글에 들어갈 중요 사항들을 체계적으로 배열한 것인데, 글 쓰는 이의 주장과 그 이유를 명료하고, 일관성 있고, 구체적으로 별지에 적어 놓아야 이를 바탕으로 초고를 잘 쓸 수 있다. 이런 이유로 개요 짜기를 첫 번째 글쓰기라 하였다. 개요 짜기의 의미와 중요성을 알았다면, 어떻게 해야 하는지 알아보자.

1. 논술의 구성 요소를 바탕으로 작성하자

논술의 구성 요소에 대해서는 제8장에서 공부하였다. 서론, 본론, 결론은 어떤 요소를 포함하여야 하는지, 각 요소는 무엇을 뜻하는지, 요소들은 서로 어떤 관계가 있는지를 알아야 개요 짜기를 잘할 수 있다. 결국 개요 짜기가 서론, 본론, 결론에서 말하고자 하는 내용의 윤곽을 잡는 것이라면, 논술의 구성 요소를 확실히 공부하는 것이 선결 조건이다.

• 논술의 구성 요소 →
제8장 참조

2. 결론을 잠정적으로 쓰자

서론에는 도입 문장이나 글 전개 계획을 써야 하지만, 특히 글의 잠정적인 결론을 잘 써야 한다. 글 전체의 주장을 먼저 잠정적으로 제시하고서, 그것을 타당화하거나 풀어 나가는 것이 본론 쓰기이고, 결론 쓰기다. 따라서 글을 잘 쓰려면, 개요 짜기를 할 때 글 전체의 잠정적 결론으로 주제문을 만들어야 한다. 잠정적 결론을 쓴 주제문이 논술의 나침반이다.

개요 짜기의 예는 제10장
(215쪽, 226쪽)을 참고하자.

3. 주장과 이유, 근거를 연결하자

본론에 들어갈 내용의 개요를 어떻게 짜야 할까. 우선 본론은 논제별로 문단을 구성해야 하기 때문에 개요 짜기도 그렇게 해야 옳다. 또 본론에서 논제별로 소주장을 할 때는 그에 대한 적절한 이유나 근거를 제시해야 하므로 개요도 소주장-이유-근거를 짝으로 작성해야 한다.

4. 최종적인 결론을 잘 계획하자

서론에서 잠정적인 결론을 쓰고, 그것을 본론에서 풀어서 소주장으로 제시한다. 그런 다음에 결론에서는 (본론의) 소주장을 종합하고 이를 바탕으로 서론에서 쓴 잠정적 결론을 깊이 있게 정교화하여 최종 결론을 써야 한다. 따라서 개요 짜기를 할 때, 서론과 본론에 들어갈 내용과 일관되게 결론에서 제시할 최종적인 결론을 미리 생각하자.

5. 반론 수용과 재반론을 생각하자

제8장에서 공부한 대로 결론에서 '최종 결론'을 내리는 것까지 제대로 수행해도 큰 문제는 없다. 그러나 '나'의 주장에 대해 읽는 사람이 반론을 제기할 수 있으니, 반론을 예상하면서 이를 긍정(수용)하는 문장을 써야 '균형 있는 주장(글)'이 될 수 있다. 그렇다고 여기서 글이 끝나면 '나'의 주장은 헛것이 된다. 그래서 반론을 수용하면서도 내가 말한 주장(최종 결론)이 '옳다'고 해야 논술의 생명력이 있다. 이것이 곧 재반론이 중요한 이유다.

6. 유의 사항, 배점, 시간 배분도 고려하자

논제를 파악할 때는 서술의 유의 사항이나 배점 등도 고려해야 한다는 것을 이미 알았다. 이와 함께 논술의 부분별, 논제별로 얼마의 시간을 배정할지 계획하는 것도 중요하다. 그렇지 않으면 시간에 쫓기거나 시간이 너무 남을 수 있다. 그러므로 개요를 짤 때 시간을 적절하게 배분하는 것도 잊지 말자.

또한 결론까지 마무리하고서 전체를 검토할 여분의 시간을 배정하자. 논술 시간이 60분이라면, 55분 이내에 결론까지 마무리하고서 작성한 내용을 약 5분에 걸쳐 훑어보면서 빠진 부분이나 잘못된 부분을 보충·보완하면 논술의 완성도가 높아질 것이다.

7. 글의 일관성을 검토, 확인하자

논술의 조건 중에 "글의 일관성을 지켜라."는 주문이 있다. 논술을 잘했는
지, 그렇지 않은지 따지는 준거 중에 주장의 일관성은 가장 중요한 평가 항목
이라 할 수 있다. 글쓴이의 생각이 서론–본론–결론을 관통하면서 물 흐르듯
하나의 맥이 있어야 한다. 그러므로 개요 짜기를 하면서 글 전체의 일관성을
검토하자.

• 개요 짜기 → 글의 일관성

8. 개요 짜기에 충분한 시간을 들이자

교원 임용 시험에서 논술 시간은 60분이다. 한 편의 논술을 하기에 60분은
많은 시간은 아니다. 그럼에도 개요를 짜는 데 충분한 시간을 들이면 좋다. 개
요 짜기를 하는 데 얼마의 시간을 들여야 할까? 유시민(2015)은 대학입시 논술
을 예로 들면서 논술 시간의 반 정도를 들여도 좋다고 제안한다. 개요를 짜는
데 논술 시간의 반을 쓰고, 나머지 시간으로 글을 쓰라니 언뜻 이해되지 않는
다. 그러나 잘 생각하면 귀담아 들을 만하다. 개요 짜기를 자세하게, 체계적으
로, 그리고 일관되게 한다면 (개요 짜기에) 논술 시간의 반인 30분을 들이고, 나
머지 30분에 이것을 중심으로 차분하게 시험지에 옮겨 쓰면 충분하지 않을까.

개요 짜기에 배정된 시간의 반을 쓰는 것이 불안하다면 20분 정도를 개요 짜
는 데 써 보자. 나머지 40분 동안에 개요를 바탕으로 글을 써 내려가려면 시간이
부족하지 않을 것이다. 논술 모의 시험을 볼 때나 혼자서 논술 연습할 때 20분
정도 개요 짜기를 하고, 40분 동안에 글을 완성하면 시간상으로 충분한지 확인
해 보자. 글을 빠르게 쓰는 사람도 있고, 느리게 쓰는 사람도 있으니 평소에 자
주 연습해 보면 어떻게 하면 좋을지 답이 나올 것이다.

9. 메모와 문장 중 무엇으로 할지 정하자

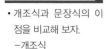
• 개조식과 문장식의 이
　점을 비교해 보자.
　－개조식
　－문장식

　　개요 짜기를 메모하듯 개조식으로 할 수도 있고(개조식 개요), 완전한 문장으로 하는(문장식 개요) 경우도 있다. 어느 쪽이 좋을까? 개조식은 생각을 간단명료하게 정리하는 데 좋지만, 정보를 충분하게 주지 못할 수 있다. **문장식**으로 개요를 짜면 곧이어 글을 쓸 때 거의 그대로 옮기면 되니까 도움이 되지만, 개요 짜기에 너무 많은 시간이 들 수 있다. 따라서 두 가지 중에 어느 것이 적합한지는 '나'의 형편을 고려하는 것이 중요하다. 생각을 정리하여 문장을 만드는 데 자신이 있으면 개조식을 따르고, 그것이 서툴면 미리 문장으로 써 놓고, 이를 바탕으로 글을 쓰자.

• 약안과 세안

　　개요 짜기를 개조식으로 한 경우를 **약안**(略案), 문장식으로 한 것을 **세안**(細案)이라 하자(교수－학습과정안을 작성하는 두 가지 유형과 유사하다). 자신의 형편에 따라 약안이든 세안이든 선택하면 되겠지만, 실제 글을 쓸 때 도움이 되도록 충분하게 쓰자. 그러면 내용도 충실하고, 막상 글을 쓸 때 시간이 절약될 것이다.

개요 짜기 요령

첫째, 시간을 충분하게 할애하자.

└ 전체 시간의 3분의 1을 써도 좋다.

둘째, 모든 논제를 한꺼번에 작성하자.

└ 문제들을 유기적으로 생각하여 쓰자.

셋째, 서술할 내용을 자세하게 작성하자.

└ 소주장–이유–근거를 한 단위로 생각하자.

넷째, 서론과 결론에 들어갈 내용도 메모하자.

└ 잠정적 결론과 최종 결론을 일관되게 하자.

다섯째, 서술 조건(가짓수 등)을 잘 고려하여 반영하자.

└ 조건도 메모하자.

여섯째, 각 부분에 쓸 시간을 정하자.

└ 전체를 검토하고 종합할 시간은 따로 정하자.

　개요 짜기를 어떻게 해야 할지 알아보았는데 실제로 수행한 예를 담지는 않았다. 실제 예는 제10장에서 보였으니 여기서 익혀 보자.

실전 연습

논술문을 작성하는 첫 단계로 논제를 파악하고, 이를 바탕으로 개요를 짜는 과정과 요령을 공부하였다. 이제 각각의 요령과 실천 기법을 심화하여 '내 것'으로 만들자.

실전 1 다음 물음에 적합한 낱말을 쓰거나 간단히 서술하시오.

1. 논제를 제대로 파악하려면 (   ), (   ), (   )을 유기적으로 연결하여 독해하여야 한다.

2. 개요를 약안으로 작성할 수도 있고, 세안으로 작성할 수도 있다. 각각의 장점과 단점을 비교하시오.

	약안	세안
장점		
단점		

3. 개요를 작성할 때 고려해야 할 사항을 세 가지 쓰시오.

① _____

② _____

③ _____

실전 2 2023학년도 교원 임용을 위한 논술 시험 중 자신에게 해당하는 논술 문제로 다음 양식에 맞게 개요를 작성해 보시오. (☞ 제8장의 실천 내용과 제9장의 양식을 참고)

서론	• 도입 문장	
	• 문제 제기	
	• 잠정적 결론	
	• 본론 계획	
본론	논제 1	
	논제 2	
	논제 3	
	논제 4	
결론	본론 종합	
	최종 결론	
	반론 수용과 재반론	
논술 조건		

제 **10** 장

고쳐 쓰기, 어떻게 할까

교직으로 가는 길

　『교직으로 가는 논리 논술』이 종착역에 다다르고 있다. 모든 일에는 원리가 있고, 이를 체계적으로 연습하는 것이 중요하다. 아는 것만으로 실력이 있다고 말할 수 없고, 여러 번 실천해 봐야 정통해질 수 있다.

　제2장에서 제9장까지 논리와 논술의 규칙을 사례를 곁들여 자세하게 공부하였으니, 이것들을 총동원해서 실전 훈련을 하자. 교직으로 가는 관문을 거뜬히 통과하려면 한 편의 글을 갖고 논술 원리에 맞게 고쳐 쓰기를 해 봐야 한다. 그래야 실전에서 자신감을 가질 수 있다. 한편 제10장의 고쳐 쓰기에서는 실제 실천한 예를 그냥 읽어 내려가지 말고, 연필로 짚으면서 정독을 하고, 변화 과정을 정확하게 파악하기 바란다.

실전훈련 1. 고쳐 쓰기의 중요성과 요령을 생각하자

송나라 구양수 선생께서는 글을 잘 쓰는 비결로, ① 다독(多讀-많이 읽기), ② 다상량(多商量-많이 생각하기), ③ 다작(多作-많이 쓰기)을 들었다. 이 중에서, 많이 써 보라는 일러줌은 글쓰기 전문가들이 자주 강조하는 것이다. 지은이도 마찬가지인데, 학생들에게 그 의미를 좀 다르게 강조한다. 논술 시험을 잘 준비하려면, 여러 주제로, 서로 다른 내용의 글을, 자주 써 보는 것도 중요하지만, 한 편의 글을 여러 번 고쳐 쓰는 훈련을 해야 한다. 그래야 논술의 원리, 요령을 체득(體得)할 수 있고, 실전에서 자신감을 가질 수 있다.

고쳐 쓰기는 자신이 쓴 글을 스스로 피드백하여 단계적으로 글의 완성도를 높여 가는 과정이다. 학생들은 대개 전문가에게 첨삭(添削) 지도를 받아 자신이 쓴 글을 고쳐 나간다. 이 방법도 좋지만 자신이 쓴 글을 스스로 피드백하는 과정을 통해 '나'의 글쓰기 습관을 알게 되고, 개선할 점을 찾을 수 있다. 특히, 스스로 고쳐 쓰기를 하면 글쓰기의 요소별로 원리에 맞게 완성도를 높여 가는 데 도움이 된다. 다른 사람으로부터 전체적인 관점에서 한꺼번에 피드백을 받는 것보다 스스로 한 단계 한 단계, 점진적으로 글쓰는 능력을 발전시키는 것이 효과적이다. 결국 스스로 고쳐 쓰는 것은 '글쓰기는 일회적 사건이 아니라 **연속적인 과정**'이라는 원칙에도 부합한다.

• 많이 써 보기 = 스스로 고쳐 쓰기

• 글쓰기 = 연속적 과정

자신이 쓴 글로 고쳐 쓰기를 연습하려면, 이 책의 앞 장에서 공부한 논술의 원리, 특히 ① 문장 구성하기(제3장~제5장), ② 논술 구성하기(제8장), ③ 논제 파악과 개요 짜기(제9장)의 규칙을 확실하게 알아야 한다. 이 장에서 공부할 내용들은 결국 앞에서 설명한 원리들과 틀을 종합하고, 실천한 것이다.

지금부터는 지은이가 출제한 모의 논술 문제로 논제 파악하기와 개요 짜기, 그리고 고쳐 쓴 과정을 따라가면서 공부해 보자.

2024학년도 중등학교 교사 임용후보자 선정경쟁 모의시험

교육학

수험 번호: (   )   성 명: (   )

제1차 시험	1교시	1문항 20점	작성 시간 60분

[문제]

학교에서 부장교사와 초임교사가 나눈 대화이다. 2022 개정 교육과정의 실행, 학생의 성장에 초점을 둔 학생평가와 교수전략, 교사의 전문성 개발에 대해 서론, 본론, 결론의 형식을 갖추어 논하시오. 〔20점〕

> **초임교사:** 부장님, 저번 교사연수 특강에 참여했을 때, 2024년부터 적용되는 2022 개정 교육과정의 총론 부분을 주의 깊게 들었습니다. 미래 사회의 불확실성에 대비하여 자기주도학습을 넘어 학생의 행위주체성(student agency)으로 교육의 초점이 이행해야 한다고 배웠습니다.
>
> **부장교사:** 그 부분이 인상적이었습니다. 이제 교사보다는 학생이 수업의 주인이고, 주체라는 인식을 가져야 할 것 같아요. 교사와 학생이 서로 협의하는 협력적 주체성(co-agency) 개념도 새로웠습니다.
>
> **초임교사:** 학생평가는 2015 개정 교육과정처럼 지식 중심의 학습보다는 학생의 성장과 발달을 도울 수 있도록 과정 중심의 수행평가를 해야 한다는 것은 동일하더군요.
>
> **부장교사:** 그렇죠. 그런데 2022 개정 교육과정의 핵심을 생각하면 학생들이 스스로 자신의 학업과정을 점검하고, 되돌아보는 능력을 길러 주는 것이 중요하죠. 그래야 학업이나 삶에서 스스로 성장하는 능력을 기를 수 있으니까요.
>
> **초임교사:** 교사들이 한 학기 내내 공동체를 만들어 함께 학습하고 공유하는 문화가 중요하다는 것도 공감했어요. 대학 때 교수–학습지원센터(CTL)에서 운영한 학습공동체 동아리에 참여한 경험이 떠올랐어요.

[배점]

○논술의 내용[총 15점]
- 2022 개정 교육과정에서 강조한 행위주체성의 정의(1점), 자기주도학습과 학생의 행위주체성의 두 가지 차이점(2점)
- 학생 행위주체성의 요소를 구현하는 교수 전략(설계, 실행) 방안 2가지(4점)
- 과정중심 평가 정의(1점), 수행과제와 루브릭 설계 활동 각 1가지(4점)
- 교사들이 협력하는 교사전문성 개발 활동 2가지(4점)

○논술의 구성[총 5점]
- 하위 주장별 논증 원리 반영(2점)   • 서론, 본론, 결론의 일관성(총 3점)

실전 훈련 2. 논제 파악과 개요 짜기를 하자

논제 파악하기는 지은이가 한 것이고, 개요 짜기와 고쳐 쓰기는 학생이 쓴 글을 지은이가 피드백하여(학생이) 다듬은 것이다.

논제를 파악하고, 개요를 짜는 요령은 제9장에서 공부하였다. 그 요령을 실천하여 보자. 우선 논술 문제를 읽고서, 논제를 제대로 파악하였는지 스스로 확인하려면 다음과 같은 세 가지 질문을 하자.

• 논제를 파악하는 요령을 생각해 보자.

논제를 파악하기 위한 질문

첫째, 논술 문제를 출제한 배경(필요성)은 무엇인가?

둘째, 논술의 전제를 구성하는 핵심어는 무엇인가?

셋째, 논제는 어떻게 구성되었는가?

세 가지 질문에 따라 다음처럼 논제를 파악하였다.

논제 파악하기

① 문제 배경 → 2022 개정 교육과정에 따른 수업 전략과 전문성 개발의 필요성

② 논술 핵심어(토픽) → 학생 행위주체성

③ 논제 구성

 • 논제 1: 학생 행위주체성 정의, 자기주도학습과 학생 행위주체성의 차이

 • 논제 2: 행위주체성을 기르는 수업 실행 방안

 • 논제 3-1: 과정중심평가 정의, 수행과제와 루브릭 개발 전략

> **• 논제 3-2: 협력적 교사 전문성 개발의 실천 전략**

논제를 파악하는 과정에서, ① 문제의 배경, ② 논술의 핵심어는 서론의 도입 문장을 쓰는 소제가 되므로 소홀히 여겨서는 곤란하다. 특히, 논술에서 첫 문장이 매끄럽고, 읽는 사람에게 와 닿게 하려면 논제의 배경이나 의미, 핵심적인 화제 등을 잘 찾아내야 한다. 논제의 구성은 논술 문제의 하단에서 '논술의 내용'으로 정리되어 있어 이해하는 데 큰 어려움은 없다. 다만 논제를 파악하면서 하위 논제들을 '나'의 생각으로 간추리고 표현하는 것이 쉽지는 않다.

논제를 파악하였으면, 개요 짜기를 할 차례다. 앞에서 공부한 대로 개요 짜기는 약안으로 할 수도 있고 세안으로도 할 수 있으나, 전자의 방식을 택하면 시간을 절약하면서도 간명하게 할 수 있다.

• 개요 짜기
　–동시적 방식
　–단계적 방식

한편 서론, 본론, 결론에 대한 개요를 짤 때도 두 가지로 접근할 수 있다. 우선 일반적인 방법으로, 전체에 대한 개요를 한꺼번에 짤 수 있는데, 이를 **동시적 개요 짜기**라 하자. 그렇게 하면 논술의 핵심 준거인 내적 일관성을 지키는 데 도움이 된다. 반면에 일단 서론과 본론에 대한 개요를 잡고 이를 토대로 본론까지 작성한 다음에, 결론을 쓰기 위한 개요 짜기를 하는 방식이 있다. 이를 **단계적 개요 짜기**라 이를 붙일 수 있다. 본론까지는 논리적으로 쓰는데, 막상 결론에서 용두사미가 되거나 본론을 반복하는 학생들이 많다. 결론에서는 본론을 종합하여 최종 결론을 내리고, 반론을 수용하고, 재반론하는 과정을 거쳐야 하는데 이때 아주 논리적인 사고가 바탕이 되지 않으면 좋은 매듭을 짓기 어렵다. 그래서 서론과 본론을 쓴 다음에, 결론을 쓰기 위한 개요 짜기를 하면 본론을 바탕으로 서론에서 밝힌 잠정적 결론을 정교하게 표현하는 글쓰기를 제대로 할 수 있다.

이제 약안 형태와 단계적 방식으로 개요 짜는 연습을 해 보자.

개요 짜기 × 단계적 방식

서론	도입 문장–2022년 개정 교육과정 초점 → 학생의 행위주체성 문제 제기–행위주체성을 기르는 수업 전략? 잠정적 결론–학생의 수업목표 설정 참여 + 책임의식 + 학습과정 성찰 본론 계획–행위주체성(정의)과 자기주도학습 차이, 수업목표 설정에 학생 참여 　　　　　비구조화된 수행과제 제시 + 분석적 채점 기법 + 자발적 교사공동 　　　　　체 참여
본론	1–1. 학습과 삶에서 주인의식 + 스스로 실행 + 성찰, 성장 + 책임의식 1–2. (범위) 학업과 삶에서 주인 + 공동체 확대 ↔ 학업(습)과정에 한정 　　　(결정권) 자신이 목표의 주체 → 능동적 실행 → 과정과 결과에 책임, 성 　　　찰 ↔ 교사, 부모가 목표 설정, 부과 → 능동적 실행 → 타인의 평가 의존 2–1. 교사가 학생과 수업목표 정하기→ 학생 SQ3R → 교사 수업목표와 통합 2–2. 수업과정 성찰 → 모둠 활동 셀프 피드백 → 학습과정, 결과 책임 3–1. 학습 결과 + 학습과정 사정 → 학습을 위한 평가(학습으로서의 평가) 3–2. 생활 문제 + 비구조화 시나리오 제시→ 문제 인식 → 학습과정 중심 + 통 　　　합적 사고 　　　분석적 채점 → 요소와 내용 세분화 → 장단점 파악, 스스로 방향 찾기 4–1. 수업 과정과 결과 공유 → 각자 수업 성찰 작성→ 반성적 대화 공유 4–2. 학교 내외 수업 공동체 참여 → 교육청, 학교 정보 수집 → 전문성 행위주 　　　체성

실전 훈련 3. 논술 구성을 고쳐 쓰자

　아래 양식으로 고쳐 쓰는 과정을 거쳐 보자. 처음 글을 쓰고(①), 이에 대해 자기 스스로, 또는 친구가 논술의 원리에 따라 피드백을 한다(②). 그런 다음에 피드백을 반영하여 처음 글을 고쳐 쓰기(③)를 한다. 서론의 구성 요소에 따라 고쳐 쓴 과정을 꼼꼼하게 살펴보고, 실전 역량을 키워 보자.

1. 서론 고쳐 쓰기

요소	① 처음 쓴 개요 / ③ 고쳐 쓴 개요	② 피드백 (자기, 친구)
도입	2024학년부터 학교현장에서 2022 개정 교육과정이 실행됨에 따라, 학생이 수업의 주체가 되고 학생의 성장에 초점을 둔 수업을 실행할 수 있는 교사의 전문성이 요구되고 있다.	문제 제기와 중복 → 간략하게 하기
	2024년부터 학생의 행위주체성을 목표로 하는 「2022 개정 교육과정」이 학교 현장에서 운영된다.	
문제 제기	학생이 수업의 주체가 되고 학생의 성장을 위한 수업을 실행하기 위한 학생평가와 교수 전략, 교사의 전문성을 개발하기 위한 방법에는 무엇이 있을까?	하위 논제를 거의 모두 포함 → 핵심 논제 중심으로 문제 명료화
	학생의 행위주체성을 기르는 수업을 하고, 학생을 평가하려면 어떻게 해야 할까?	
잠정 결론	행위주체성을 강조하며 문제 기반 학습법을 사용해 활동을 진행하고, 학생 발전을 평가하기 위해서 과정중심평가 방법을 사용하고, 교사의 전문성 신장을 위해 동료 간 협력 체제를 구축해야 한다.	문제 제기 (핵심 논제)에 대한 답 중심으로 명료화하기
	학생들이 스스로 목적의식을 갖고 수업에 참여하도록 하고, 책임을 지고 학업을 수행하는 한편 그 과정과 결과를 스스로 피드백, 성찰하면서 성장해 나갈 방향을 찾도록 한다.	
본론 계획	따라서 제시문의 교사 간의 대화 내용을 토대로 학생이 중심이 되는 수업을 설계하기 위한 방법과 이에 따른 교수 전략과 전문성 개발에 대해 논의하고자 한다.	하위 논제에 대해 본론에서 쓸 내용 암시할 필요
	본론에서는 학생 행위주체성과 자기주도학습의 차이, 수업목표 설정에 학생 참여와 학습과정·결과 성찰 방안, 비구조화된 수행과제와 분석적 채점 방법, 자발적인 교사 학습공동체 참여와 수업과정 공유 방안에 대해 논의하고자 한다.	

학생이 처음 쓴 글과 고쳐 쓴 글을 비교하면서 서론을 어떻게, 무엇에 초점을 두고 써야 하는지 꼼꼼하게 읽으면서 분석해 보자.

첫째, 전체적으로 처음 쓴 글이 길다(고쳐 쓰기에서 '본론 계획'은 긴 편임). 서론이 너무 길면 글이 늘어지고, 간결하지 못하여 이해하는 데 방해가 될 수 있다. 도입 문장이나 문제를 제기하는 문장은 논술의 핵심어를 중심으로 짧게 쓰는 연습을 해야 한다. 고쳐 쓴 글은 글의 배경(2022 개정 교육과정 도입)으로 도입 문장을 간략하게 썼다.

둘째, 문제 제기나 잠정적 결론을 쓸 때는 중심 논제에 초점을 두어야 한다. 특히, 잠정적 결론을 내릴 때 하위 논제를 모두 포함하려면 문장 수가 너무 많아진다. 그래서 배점이 많은 하위 문제를 중심으로 답(나의 생각)을 쓰는 게 좋다. 이 논술 문제는 논제 2, 3, 4가 각각 4점으로 같지만, 논제 2(교수 전략)와 논제 3(평가 전략)을 중심 논제로 판단하였다.

셋째, 잠정적 결론은 말 그대로, 최종 결론은 아니지만, 본론의 하위 주제들을 안내하는 틀이다. 서론에서 가장 중요한 잠정적 결론은 논술의 하위 문제들에 대한 답을 종합적으로 써야 한다. 실천한 예에서, 잠정적 결론에 들어 있는 개념 요소(수업에 대한 학생의 목적의식, 학업수행에 대한 책임감, 수업과정과 결과에 대한 피드백과 성찰을 통한 성장 방향)들은 논제 2, 3에 초점을 둔 것으로, 문제 제기와 일관성이 있다.

넷째, 고쳐 쓴 글을 보면, 논제들에 대한 구체적인 주장을 중심으로 본론 계획(전개)을 구성하였다. 서론의 마지막에서는 논의해야 할 주제(토픽)보다는 그에 대한 소주장을 쓰는 것이 중요하다. 그래야 본론을 읽지 않고서도 글쓴이가 본론에서 주장하려는 것들이 무엇인지 알 수 있다. 한번 꼼꼼하게 읽어 보자. 논제 1에 대해서는 토픽(행위주체성과 자기주도학습의 구분)에 대해 썼고, 그다음의 것들은 각 논제에 대한 글쓴이의 생각을 썼다는 것을 찾아냈을 것이다.

2. 본론 고쳐 쓰기

본론을 고쳐 쓰는 과정을 보기 전에, 서론에서 활용한 틀과 이어서 공부할 본론, 결론에서 사용한 틀을 비교해 보자. 앞에 쓴 서론의 고쳐 쓰기 양식은 시각적으로 드러나는 반면, 표로 되어 있어 지면을 많이 차지하는 단점이 있다. 그래서 아래처럼 틀을 바꾸었다. 이 틀로 고쳐 쓰는 연습을 하면, 실제 문단을 구성하면서 글을 쓰는 효과가 있다. 두 가지 양식 중에 효과적이라 생각하는 틀을 따르면 된다. 논제별로 처음 글을 쓰고, 이에 대해 피드백을 하여, 고쳐 쓴 글을 찬찬히 읽어 보자.

논제 1-1. 행위주체성 정의(1-1), 자기주도학습과 구분하기(1-2)

❶ 1-1 처음 쓴 글

2022 개정 교육과정에서의 행위주체성은 학생들이 자기주도적으로 학습하고 참여하는 능력과 태도를 의미한다. 행위주체성을 가진 학생들은 자기 자신을 학습의 주체로 여기며, 자기주도적으로 학습 계획을 세우고 자원을 활용하여 학습을 진행하게 된다. 이런 학생들은 더 높은 참여도와 관여도로 학습에 참여하고, 자기에게 필요한 지식과 기술을 습득하며, 문제 해결과 창의적 사고를 발전시킨다.

❷ 피드백   • 정의에만 초점을 두고 간결하게 쓰기 • 정의 요소를 중심으로 표현하기

❸ 고쳐 쓴 글

학생의 행위주체성은 학습과 삶에서 주인의식을 갖고, 스스로 계획하고, 실행하는 가운데, 성찰을 통하여 성장하고, 자신의 행동에 책임을 지는 것을 말한다.

❶ 1-2 처음 쓴 글

학생 행위주체성과 자기주도학습의 차이점은 다음과 같다. 첫째, 학생 행위주체성은 자신의 학습과 성취에 책임을 지는 것을 강조하는 반면에 자기주도학습은 학습자가 자기 자신에게 책임을 지고 학습을 주도적으로 진행하는 것을 강조한다.

둘째, 학생 행위주체성은 학생들이 자신의 학습목표를 설정하려고 노력하며, 학습과정에 주체적으로 참여하고 조직하는 능력을 키우는 것을 목표로 하는 반면에 자기주도학습은 자기의 관심과 필요에 맞추어 학습목표를 설정하고, 적절한 학습 전략을 선택하며, 자기평가와 피드백으로 학습과정을 개선하는 것을 중시한다.

❷ **피드백** • 비교의 기준(범주) 정하기 • 소주장과 이유(근거) 연결하기 → 3중주 구조
　　　　　　 • 비교 내용을 확실하게 구분하기

❸ **고쳐 쓴 글**

　　학생 행위주체성과 자기주도학습의 차이점은 다음과 같다. 첫째, 행위주체성과 자기주도학습은 범위가 다르다(①). 행위주체성은 학업을 포함하여 자신의 전체적인 삶의 과정에서 주인의식과 책임감을 발휘하는 것이고, 자기주도학습은 주로 학교공부 등 학업의 과정에 한해서만 능동적인 태도를 보이는 것이다(②). 만약 학교에서 모둠 활동뿐만 아니라 지역사회에서 청소년의 복지를 증진하는 활동에 적극적으로 참여한다면 행위주체성이 뛰어난 것이다. 그렇지만 학업 생활 밖의 문제에 대해서는 능동적이고 주도적인 태도를 보이지 않는다면 자기주도학습 능력이 뛰어날 뿐이다(③). 결국 행위주체성은 자신의 모든 삶의 영역, 공동체 생활까지 확대되어 적용되는 개념이다(④).

　　둘째, 행위주체성과 자기주도학습은 자기결정의 정도에서 차이가 있다. 학생의 행위주체성은 자신의 목표를 주도적으로 설정하거나 공동으로 결정하는 데 반해 자기주도학습은 주로 다른 사람(교사나 부모)이 정한 목적에 따라 성실하게 수행하는 것이다. 예컨대, 학교에서 교사가 수업목표를 제시하거나 부모가 학원을 정해 주면 열심히 수업에 참여하거나 공부하는 학생은 자기주도학습 능력이 있지만 행위주체성이 갖추어졌다고 말할 수는 없다.

　　논제 1에 대한 피드백과 고쳐 쓴 내용을 살펴보자. 우선 논제 1-1(정의하기)은 글쓴이가 내용 학습을 잘하였지만, 논술은 "묻는 것에만 답하라"라는 원칙에서 벗어나 있다. 행위주체성에 대해 한 두 문장으로 정의만 하면 되는데, 다른 내용을 곁들여 길게 설명하고 있다. 고쳐 쓴 글처럼 정의 요소(학습과 삶에서 주인의식, 주도적 실행과 성찰, 책임감)가 잘 드러나게 서술하는 것이 중요하다.

　　다음으로, 논제 1-2(두 개념의 구분)에서는 첫째(1-1)와 둘째(1-2)가 잘 구분되지 않을뿐더러, 1-2에서 두 개념의 구분도 명료하지 않다. 특히, 무엇을 비교할 때는 그 기준을 분명하게 정하고 시작해야 한다. 학생의 자기주도학습과 행위주체성을 비교하는 틀을 만들고 그 내용을 채우면 명료해진다. 사실 이 활동은 개요 짜기에서 했어야 하는데, 고쳐 쓴 글로 비교 기준을 찾고, 핵심을 간추려 보자.

• 논술 = 묻는 것에만 답하기

	자기주도학습	행위주체성
범위	학업과정	학업과정 + 삶의 과정
결정권	결정 = 타인, 수행 = 나	결정 + 수행 = 나

한편 논제 1-2의 처음 쓴 글과 고쳐 쓴 글은 주장하기의 요소(흐름)에서 변화가 있다. 처음 쓴 글은 하위 주장-이유-근거를 제대로 포함하지 않았다. 본론에서 하위 주장을 나타낼 때는 항상 3중주(제8장) 원칙을 지켜야 한다. 첫째 주장의 고쳐 쓴 글을 옮겨서 풀어 보았다.

첫째, 행위주체성과 자기주도학습은 범위가 다르다(①). 행위주체성은 학업을 포함하여 자신의 전체적인 삶의 과정에서 주인의식과 책임감을 발휘하는 것이고, 자기주도학습은 주로 학교공부 등 학업의 과정에 한해서만 능동적인 태도를 보이는 것이다(②). 만약 학교에서 모둠 활동뿐만 아니라 지역사회에서 청소년의 복지를 증진하는 활동에 적극적으로 참여한다면 행위주체성이 뛰어난 것이다. 그렇지만 학업 생활 밖의 문제에 대해서는 능동적이고 주도적인 태도를 보이지 않는다면 자기주도학습 능력이 뛰어날 뿐이다(③). 결국 행위주체성은 자신의 모든 삶의 영역, 공동체 생활까지 확대되어 적용되는 개념이다(④).

• 제8장 180쪽 참고.

원문자 ①은 주장을 나타낸 것이고, ②는 이유에 해당한다. 그리고 ③은 ②를 뒷받침하는 근거에 해당한다. 이렇게 주장할 때는 이유와 근거를 함께 표현해야 논리적 사고가 드러난다. 맨 뒤에 있는 문장 ④는 무엇을 말하는가? 재주장하기에 해당한다. ①의 의미를 다시 강조하므로, **계열 위치 효과**를 볼 수 있는 글의 구조다. 한편 처음 쓴 글의 첫 문장은 무엇인가? 이것도 도입 문장이다. 서론에서 도입 문장을 쓰는데, 본론에서 하위 논제가 다시 2개 이상으로 되어 있으면 그것들을 아우르는 도입 문장을 쓰면 부드럽게 시작할 수 있다. 둘째

논제 2. 행위주체성 요소를 반영한 교수 전략

❶ 처음 쓴 글

　학생의 행위주체성을 기르는 수업 전략은 다음과 같다. 첫째, 학생들이 왜 공부해야 하는지 스스로 인식하게 되면 적극적으로 참여하려는 학습동기가 발동하므로 수업목표를 학생들과 함께 정한다. 수업 전에 SQ3R 기법을 적용하여 질문 만들기(Q)를 하도록 하고, 수업 도입 단계에서 교사가 제시하는 목표와 통합하여 확정한다. 둘째, 수업 과정을 성찰하여 결과에 대해 책임감을 갖도록 한다. 수업의 과정에서 모둠활동이나 수행과제를 해결하는 과정을 스스로 피드백하고, 장단점을 찾아 학습성찰 일지를 쓰게 한다. 성찰하는 과정을 거치면 학업성공, 학업실패에 관계없이 자기책임감을 갖는 습관을 발전시킨다.

❷ 피드백　☞ 주장과 이유의 위치(순서) 조정하기

❸ 고쳐 쓴 글

　학생의 행위주체성의 요소에 착안하여, 그것을 기르는 수업 전략은 다음과 같다. 첫째, 수업목표를 학생들과 함께 정한다. 학생들이 수업(학습)목표를 스스로, 또는 참여하여 만들게 되면 수업에 적극적으로 참여하려는 학습동기가 발동하기 때문이다. 수업 전에 SQ3R 기법을 적용하여 질문 만들기(Q)를 하도록 하고, 수업 도입 단계에서 교사가 제시하는 목표와 통합하여 확정한다. 둘째, 수업 과정을 성찰하여 결과에 대해 책임감을 갖도록 한다. 수업의 과정에서 모둠 활동이나 수행과제를 해결하는 과정을 스스로 피드백하고, 장단점을 찾아 학습성찰 일지를 쓰게 한다. 성찰하는 과정을 거치면 학업성공, 학업실패에 관계없이 자기책임감을 갖는 습관을 발전시킨다.

주장(비교)을 쓴 문단도 주장―이유―근거로 짜였다.

　논제 2는 논제 3, 4와 배점은 동일하지만 내용상으로 중심 논제에 해당한다. 따라서 논제 2가 논리적이어야 전체적으로 좋은 글이 될 수 있다. 중심 논제라 신경을 더 많이 썼는지 논제 1에 비해 피드백할 것이 많지 않다. 다만 첫째 주장의 처음 쓴 내용을 분석(피드백)하여 고쳐 쓰기를 위한 아이디를 찾아보자.

　　학생들은 왜 공부해야 하는지 스스로 인식하게 되면 적극적으로 참여하려는 학습동기가 발동하므로 수업목표를 학생들과 함께 정한다(①). 수업 전에 SQ3R 기법을 적용하여 질문 만들기(Q)를 하도록 하고, 수업 도입 단계에서 교사가 제시하는 목표와 통합하여 확정한다(②).

위 내용은 두 문장으로 구성되었는데, ①은 주장하기, ②는 근거(구체적인 방안)를 나타낸다. 이 중에서 ①의 밑줄 친 내용은 이어진 내용(주장하기-수업목표를 학생들과 함께 정한다)의 이유에 해당한다고 볼 수 있다. 그렇다면 문장 ①에 이유와 주장이 섞여 있다. 처음 쓴 문장을 그대로 두어도 큰 문제는 없지만 첫 문장을 나누고 위치를 바꾸는 한편, 둘째 문장을 마지막으로 보내면 '주장(①)-이유(②)-근거(③)'의 흐름이 확실해진다.

첫째, 수업목표를 학생들과 함께 정한다(①) 학생들이 수업(학습)목표를 스스로, 또는 참여하여 만들게 되면 수업에 적극적으로 참여하려는 학습동기가 발동하기 때문이다.(②) 수업 전에 SQ3R 기법을 적용하여 질문 만들기(Q)를 하도록 하고, 수업 도입 단계에서 교사가 제시하는 목표와 통합하여 확정한다(③).

논제 3. 과정중심평가의 정의(3-1), 수행과제와 루브릭 개발 전략(3-2)

❶ 3-1 처음 쓴 글

과정중심평가는 학습과정과 학습방법, 접근 방식, 창의성, 협력 등을 평가하는 방법이다. 과정중심평가에서는 학생들이 어떻게 학습을 진행하고 문제를 해결하는 과정에서 어떤 능력과 전략을 사용하는지에 중점을 둔다. 결과에 초점을 두는 전통적인 평가와 달리 학생들의 학습과정에서의 성취와 발전을 평가하는 것이 목적이다.

❷ 피드백 ☞ 세 문장에서 비슷한 개념 중복됨(밑줄 부분) → 명료성 높이기

❸ 고쳐 쓴 글

과정중심평가는 성취기준에 기반하여 평가 계획을 세우고, 교수–학습과정에서 학생의 성장과 변화에 대한 자료를 다양하게 수집하여 적절한 피드백을 제공한다. 이 평가는 배운 것을 평가하는 학습결과에 대한 평가를 넘어 교수–학습의 질 개선을 위해 '학습을 위한(으로서의) 평가'를 강조한다.

❶ 3-2 처음 쓴 글

첫째, 수행과제를 제시할 때는 학생들에게 서로 다른 역할을 부여한다. 학생들은 각자가 주어진 역할을 수행하고 역할 간의 협력을 통해 과제를 완수하게 된다. 예를 들어, 학생들에게 활동 조장, 연구자, 발표자 등의 역할을 부여하면 역할에 따른 책임과 역할 간의 협력을 경험하며 공동의 목표를 달성하기 위해 노력하게 된다.

둘째, 루브릭 개발 전략으로는 과제를 진행하는 과정을 단계별로 나누어 각 단계에서의 성과를 평가하는 단계별 루브릭이 있다. 각 단계에서의 목표와 평가 기준을 제시하고, 학생들은 각 단계마다 자신의 성과를 확인하고 개선할 수 있다. 예를 들어, 활동을 수행하는 과정에서 문제 선택, 자료 조사, 분석, 결과 도출 등을 단계별로 평가하는 루브릭을 개발할 수 있다.

❷ 피드백 ☞ 하위 문제에 대한 정확한 이해, 논제의 요구를 정확하게 반영할 필요

❸ 고쳐 쓴 글

첫째, 수행과제는 실생활에서 발생할 수 있는 문제를 비구조화된 시나리오 형태로 제시한다. 그러면 학생들이 해결해야 할 과제는 무엇인지, 서로 어떤 역할을 맡아야 하는지, 수행 기준은 무엇인지를 찾도록 유도할 수 있다. 수행과제를 비구조적으로 제시하면, 학생들이 학습의 결과보다는 학습의 과정을 중심으로 통합적으로 사고하고 접근하는 습관을 기를 수 있다.

둘째, 학생들이 수행평가를 통해 실질적으로 성장하는 기회를 갖게 하려면 분석적 채점 방법을 활용한다. 이때 평가의 요소를 세분화하고, 수행 수준을 나타내는 내용을 구체적으로 기술하여야 한다. 그러면 학생들은 채점 기준을 통해 자신의 장점과 단점을 알고, 스스로 성장 방향을 찾을 수 있다.

논제 3–1과 관련하여, 글쓴이는 과정중심평가의 의미에 대해서는 비교적 잘 알고 있다. 그렇지만 '정의'하는데 세 문장을 써 긴 느낌이 있어 두 문장으로 줄였다. 둘째 문장이 과정 중심의 평가를 잘 나타내고 있어 그 내용을 중심

으로 교과서적 정의에 가깝도록 보완하였다. 그리고 마지막 문장은 과정 중심의 평가가 결과 중심의 평가와 대비되는 점을 강조하는 것인데, '학습으로서의 (as) 평가', '학습을 위한(for) 평가'라는 특징이 드러나도록 고쳐 썼다.

논제 3-2의 처음 쓴 글은 초점을 다시 잡아야 할 필요가 있다. 우선 처음 쓴 글의 첫째 주장은 그 자체로는 논리적이다. 주장(방안)−이유(하위 방안)−근거(예)가 잘 연결되었다. 그렇지만 교수자가 수행평가의 과제를 고안하여 학생들에게 제시하는 방법을 묻는 문제인데, 글쓴이는 학습자의 역할 부여에 초점을 두었다. 둘째 주장(루브릭 고안 방법)도 첫째처럼 글쓴이의 생각을 논리적으로 표현하였지만, 문제의 요구를 더 정확하게 반영할 필요가 있다. 그래서 총체적 채점 방법과 분석적 채점 방법 중에 후자에 초점을 두고 고쳐 썼다. 결국

논제 4−교사학습공동체 실천 전략

❶ 처음 쓴 글

첫째, '나' 스스로 의지를 갖고 학교 내·외의 교사학습공동체에 자발적으로 참여한다. 교사학습공동체를 통해 교사들이 서로 가르치고 배우면서 전문성을 발전시킬 수 있다. 교사들은 협력하는 가운데 전문성이 심화된다.

둘째, 학생들을 가르치는 과정과 결과에 대해 동료교사들과 공유한다. 서로 반성적 대화를 중요하게 여기면 수업을 개선할 수 있다.

❷ 피드백 • 주장의 이유(하위 방안)를 적절하게 쓰기, 설명과 의견(주장) 구분하기

❸ 고쳐 쓴 글

첫째, '나' 스스로 의지를 갖고 학교 내·외의 교사학습공동체에 자발적으로 참여한다. 학기 초에 교육청 지원청의 홈페이지 등을 방문하거나 학교에서 계획하는 수업전문성 프로그램에 대한 정보를 수집하고 분석한다. 스스로 목적의식과 동기를 갖고 노력할 때 교사의 전문성에 필요한 행위주체성이 가능하다.

둘째, 학생들을 가르치는 과정과 결과에 대해 동료교사들과 공유한다. 각자 수업성찰일지를 작성하여 그것을 바탕으로 주기적으로 모여 반성적으로 대화를 한다. 동료교사들과 함께 실천과정을 반성, 공유함으로써 서로 더 풍부하게 개선할 점을 찾을 수 있다.

논제 3에서 논리적인 글쓰기의 출발은 논제의 요구를 정확하게 포착하는 것임을 강조하였다.

논제 4의 첫째에서 첫째 주장은 교사의 행위주체성과 자발성은 맥락이 같다는 점에서 적절하다. 그러나 주장(첫 문장)에 대한 이유(둘째 문장)의 연결은 적절성이 부족하다. 논술에서 생각이나 의견을 설명과 구분하지 못하는 오류를 범하는 경우가 있는데, 이에 해당한다. 둘째 문장은 교사학습공동체를 설명하는 문장으로, 실천 방안이라 보기 어렵다. 그 뒤에 이어지는 셋째 문장 역시 어떤 기능을 하는지 애매하다. 결국 처음 쓴 글은 주장에 대한 이유(하위 방안)를 구체적으로 제시할 필요가 있다. 고쳐 쓴 글에서는 주장(자발적 참여 의지)의 구체적인 방안(교육지원청이나 학교의 정보를 수집)이 뒤이어 나왔다. 주장 다음에 이유(하위 방안)를 대는 구조로 변했다. 그리고 마지막 문장은 재주장의 형식으로 마무리하였다.

둘째 주장도 첫째 주장과 마찬가지다. 처음 쓴 글에서 주장은 잘 썼는데, 다음 문장이 어떤 기능을 하는지 확실하지 않다. 고친 글은, 동료들과 공유하기 위한 방안, 즉 수업성찰 일지를 바탕으로 동료교사들과 반성적으로 대화를 나눈다는 문장이 뒤에 오게 되므로, 글쓴이의 생각이 구체적으로 드러나고, 논리적이다. 이를 바탕으로 마지막 문장처럼 첫 문장을 더 확장하고, 정교하게 (재)주장할 수 있다.

3. 결론 고쳐 쓰기

결론 쓰기는 서론에서 쓴 잠정적 결론을 본론의 소주장들을 종합하여 최종적인 결론으로 정교화하는 작업이다. 결론의 전반부에서 본론의 소주장을 압축하여 종합하고, 후반부에서는 잠정적 주장을 깊이 있게, 구체화하여 최종적 주장(결론)을 만들어야 한다. 그런데 학생들이 쓴 글을 피드백하다 보면 본론은 한두 번 고쳐 쓰기를 하면 어느 정도 궤도에 오르는데, 결론은 그렇지 않다.

특히, 본론은 잘 써 놓고서 결론에 와서는 글의 주제, 또는 본론의 주장들과 관계없이 일반적인 주장이나 생각들로 마무리한다. 그래서 결론 고쳐 쓰기를 하는 과정에서 각 요소가 무엇을 의미하는지 되새기는 것이 중요하다.

앞에서 공부한 대로, 결론을 고쳐 쓰기 위해서는 본론을 종합하여야 하고, 소주장들의 핵심을 추려 이를 바탕으로 최종 결론을 내린다. 최종 결론은 본론의 소주장들을 바탕으로 서론에서 쓴 잠정적 결론을 정교화하는 것임을 꼭 기억하자.

결론 부분에서 본론을 종합하여 최종 결론을 잘 내리는 것으로 논술을 끝마칠 수도 있다. 그러나 보다 완벽한 글을 쓰려면 한 단계 더 거쳐야 한다. 바로 '반론 수용과 재반론'까지 가야 화룡점정(畵龍點睛)이다. '나'의 최종 결론에 대해 독자(읽는이)들이 반론할 것을 예상하고, 이를 수용하는 문장을 쓴다. 그런 다음에 (반론을 수용하면서도) 최종결론이 옳다고 재차 강조하여야 한다.

이제, 결론은 ① 본론 종합 → ② 최종 결론 → ③ 반론 수용과 재반론으로 구성된다는 점을 새기면서, 결론을 쓰기 위한 개요 짜기를 보자. 〈표 10-1〉에서

표 10-1 잠정적 결론과 결론을 쓰기 위한 개요

잠정적 결론		• 학생들이 수업의 목적의식과 책임 수행하는 기회 • 스스로 학업과정을 성찰하고 책임, 성장하는 수업 전략
본론 종합	논제 1	• 행위주체성 = 전체적 삶의 과정에서 자기결정과 자기책임 • (자기주도학습 = 학업과정에서 교사(부모)가 결정 → 학생의 능동적 실행)
	논제 2	• 학생과 함께 학습목표 정하기(SQ3R 활용)+학업성찰과 셀프 피드백 기회
	논제 3	• 비구조화된 형태로 수행과제 제시로 통합적 사고 유도 • 분석적 채점 방법 → 장단점 파악 + 자기성장 방향 탐색
	논제 4	• 교사학습공동체의 자발적 탐색 참여 • 수업성찰 → 동료교사와 반성적 대화

↓

최종 결론	• '본론 종합'에 더 추가하거나 잠정적 결론을 정교하게 할 내용 　－수업에 대한 학생의 주인의식 심어 주기 추가 　－학생들이 학교생활과 개인생활, 사회공동체 생활에서 주도적으로 참여 　　하는 역량 지원하는 교육 중요

반론 수용	• 학생의 주도성 성향과 학생을 둘러싼 성적 중심의 경쟁학습 환경의 개선 　이 급선무(더 중요)

재반론	• 교사들은 학생들이 급변하고 불확실한 미래 사회를 대비하기 학업과 삶의 　과정에서 주체의식을 기르도록 환경 조성 학생 (수업 전략)의 실천이 중요 • 이를 위해 교사들부터 동료교사들과 행위주체성을 연마하는 전문성 개발 　요구

본론 종합은 학생이 교수의 피드백을 받아 고쳐 쓴 글을 바탕으로 하였다.

　결론을 쓰기 위한 개요를 바탕으로 본론을 종합하여 최종 결론을 내리고, 그에 대한 반론을 수용하면서도 재차 반론을 통하여 자신의 주장을 펴는 과정을 자세하게 읽고 음미해 보자. 결론 부분은 처음 쓴 글은 생략하고, 교수자가 실천하였다.

결론－본론 종합＋최종 결론＋반론 수용과 재반론

❸ 고쳐 쓴 글

　(본론 종합) 지금까지 논의한 소주장들을 종합하면 다음과 같다. 학생의 행위주체성은 전체적 삶의 과정에서 스스로 결정하고, 책임을 지는 삶의 태도를 말하는데, 학생들이 행위주체성을 기르도록 하려면 학생들이 학습목표를 정하도록 하거나 그 과정에 참여하도록 한다. 또한 학업과정과 결과에 대해 스스로 성찰하고 피드백하는 기회를 자주 제공해야 한다. 그리고 학생들에게 수행과제를 비구조화 된(시나리오) 형태로 제시하고, 분석적 채점 기준을 제공하여 스스로 해결 방안을 찾고, 수행에 대한 장단점을 파악하여 개선점을 찾도록 해야 한다. 초임교사들은 교사학습공동체에 자발적으로 참여하고, 수업성찰을 바탕으로 동료교사와 반성적 대화를 자주 나누어야 한다.

(최종 결론) 결국 2022개정 교육과정을 제대로 구현하려면, 교사들이 학생들에게 수업에 대한 주인의식을 심어 주는 수업을 해야 한다. 이러한 과정을 통해 학생들이 학교생활과 개인생활, 사회공동체 생활에서 주도적으로 참여하는 미래 역량을 기를 수 있다.

(반론 수용과 재반론) 물론 학생들이 행위주체성을 기르기 위해서는 개인적 성향이 영향이 더 중요하고, 단기적인 성적 중심의 경쟁적 학습환경을 바꾸는 것이 선행 조건일 수도 있다. 그렇지만 학생들이 급변하고 불확실한 미래 사회를 대비하도록 학업과 삶의 과정에서 주체의식을 갖고 스스로 결정하고, 반성하며 성장하도록 수업 전략의 패러다임을 의도적으로 바꾸는 노력이 절실하다.

지금까지 학생이 쓴 한 편의 글을 교수자의 피드백을 통해 고쳐 쓰는 과정을 살펴보았다. 이제 고쳐 쓴 글을 하나로 묶어 소리 내어 읽어 보자. 논술을 연습하는 과정에서 분석적으로 실천한 다음에 이를 하나로 묶을 때는 각 문장마다 원문자로 일련번호를 매기자. 그렇게 한 다음에 문장 하나하나에 대해 고치기를 해 보자. 그러면 글의 완성도가 훨씬 높아진다.

고쳐 쓴 글 종합하기

① 2024년부터 학생의 행위주체성을 목표로 하는 「2022 개정 교육과정」이 학교 현장에서 운영된다. ② 학생의 행위주체성을 기르는 수업을 하려면 어떻게 해야 할까? ③ 학생들이 스스로 목적의식을 갖고 수업에 참여하도록 하고, 책임을 지고 학업을 수행하는 한편 그 과정과 결과를 스스로 피드백, 성찰하면서 성장해 나갈 방향을 찾도록 한다. ④ 본론에서는 학생 행위주체성과 자기주도학습의 차이, 수업목표 설정에 학생 참여와 학습과정 · 결과 성찰 방안, 비구조화된 수행과제와 분석적 채점 방법, 자발적인 교사학습공동체 참여와 수업과정 공유 방안에 대해 논의하고자 한다.

⑤ 각 논제에 대해 주장하면 다음과 같다. ⑥ 우선 학생의 행위주체성은 학습과 삶에서 주인의식을 갖고, 스스로 계획하고, 실행하는 가운데, 성찰을 통

하여 성장하고, 자신의 행동에 책임을 지는 것을 말한다. ⑦ 학생 행위주체성과 자기주도학습의 차이점은 다음과 같다. ⑧ 첫째, 행위주체성과 자기주도학습은 범위가 다르다. ⑨ 행위주체성은 학업을 포함하여 자신의 전체적인 삶의 과정에서 주인의식과 책임감을 발휘하는 것이고, 자기주도학습은 주로 학교공부 등 학업의 과정에 한해서만 능동적인 태도를 보이는 것이다. ⑩ 만약 학교에서 모둠 활동뿐만 아니라 지역사회에서 청소년의 복지를 증진하는 활동에 적극적으로 참여한다면 행위주체성이 뛰어난 것이다. ⑪ 결국 행위주체성은 자신의 모든 삶의 영역, 공동체 생활까지 확대되어 적용되는 개념이다. ⑫ 둘째, 행위주체성과 자기주도학습은 자기결정의 정도에서 차이가 있다. ⑬ 학생의 행위주체성은 자신의 목표를 주도적으로 설정하거나 공동으로 결정하는 데 반해 자기주도학습은 주로 다른 사람(교사나 부모)이 정한 목적에 따라 성실하게 수행하는 것이다. ⑭ 예컨대, 학교에서 교사가 수업목표를 제시하거나 부모가 학원을 정해 주면 열심히 수업에 참여하거나 공부하는 학생은 자기주도학습 능력이 있지만 행위주체성이 갖추어졌다고 말할 수는 없다.

⑮ 한편 과정중심평가에서는 성취기준에 기반하여 평가 계획을 세우고, 교수-학습과정에서 학생의 성장과 변화에 대한 자료를 다양하게 수집하여 적절한 피드백을 제공하는 것인데, 배운 것을 평가하는 학습결과에 대한 평가를 넘어 교수-학습의 질 개선을 위해 '학습을 위한(으로서의) 평가'를 강조한다. ⑯ 과정중심평가를 위한, 수행과제는 실생활에서 발생할 수 있는 문제를 비구조화된 시나리오 형태로 제시하여야 한다. ⑰ 그러면 학생들이 해결해야 할 과제는 무엇인지, 서로 어떤 역할을 맡아야 하는지, 수행 기준은 무엇인지를 찾도록 유도할 수 있다. ⑱ 수행과제를 비구조적으로 제시하면, 학생들이 학습의 결과보다는 학습의 과정을 중심으로 통합적으로 사고하고 접근하는 습관을 기를 수 있다. ⑲ 또한 학생들이 수행평가를 통해 실질적으로 성장하는 기회를 갖게 하려면 분석적 채점 방법을 활용한다. ⑳ 이때 평가의 요소를 세분화하고, 수행 수준을 나타내는 내용을 구체적으로 기술하여야 한다. ㉑ 그러면 학생 들은 채점 기준을 통해 자신의 장점과 단점을 알고, 스

스로 성장 방향을 찾을 수 있다.

㉒ 마지막으로, '나' 스스로 의지를 갖고 학교 내·외의 교사학습공동체에 자발적으로 참여한다. ㉓ 학기 초에 교육청 지원청의 홈페이지 등을 방문하거나 학교에서 계획하는 수업전문성 프로그램에 대한 정보를 수집하고 분석한다. ㉔ 스스로 목적의식과 동기를 갖고 노력할 때 교사의 전문성에 필요한 행위주체성이 가능하다. ㉕ 그리고 학생들을 가르치는 과정과 결과에 대해 동료교사들과 공유한다. ㉖ 각자 수업성찰 일지를 작성하여 그것을 바탕으로 주기적으로 모여 반성적으로 대화를 한다. ㉗ 동료교사들과 함께 실천과정을 반성, 공유함으로써 서로 더 풍부하게 개선할 점을 찾을 수 있다.

㉘ 지금까지 논의한 소주장들을 종합하면 다음과 같다. ㉙ 학생의 행위주체성은 전체적 삶의 과정에서 스스로 결정하고, 책임을 지는 삶의 태도를 말하는데, 학생들이 행위주체성을 기르도록 하려면 학생들이 학습목표를 정하도록 하거나 그 과정에 참여하도록 한다. ㉚ 또한 학업과정과 결과에 대해 스스로 성찰하고 피드백하는 기회를 자주 제공해야 한다. ㉛ 그리고 학생들에게 수행과제를 비구조화된(시나리오) 형태로 제시하고, 분석적 채점 기준을 제공하여 스스로 해결 방안을 찾고, 수행에 대한 장단점을 파악하여 개선점을 찾도록 해야 한다. ㉜ 초임교사들은 교사학습공동체에 자발적으로 참여하고, 수업성찰을 바탕으로 동료교사와 반성적 대화를 자주 나누어야 한다.

㉝ 결국 2022 개정 교육과정을 제대로 구현하려면, 교사들이 학생들에게 수업에 대한 주인의식을 심어 주는 수업을 해야 한다. ㉞ 이러한 과정을 통해 학생들이 학교생활과 개인생활, 사회공동체 생활에서 주도적으로 참여하는 미래 역량을 기를 수 있다.

㉟ 물론 학생들이 행위주체성을 기르기 위해서는 개인적 성향이 영향이 더 중요하고, 단기적인 성적 중심의 경쟁적 학습환경을 바꾸는 것이 선행 조건일 수도 있다. ㊱ 그렇지만 학생들이 급변하고 불확실한 미래 사회를 대비하도록 학업과 삶의 과정에서 주체의식을 갖고 스스로 결정하고, 반성하며 성장하도록 수업 전략의 패러다임을 의도적으로 바꾸는 노력이 절실하다.

실전훈련 **4. 문장 고치기를 하자**

지금까지 서론, 본론, 결론의 고쳐 쓰는 과정을 거쳤다. 이제 문장 하나하나를 고쳐 써 보자. 문장은 생각을 표현하는 기본 단위이므로 문장을 어떻게 쓰느냐에 따라 그 내용이 돋보이고, 논리적으로 표현되기도 한다. 특히, 논술에서 맞춤법이나 띄어쓰기 표현의 적절성을 채점의 한 요소로 삼는 경우가 있어 문장을 잘 쓰는 요령을 연습해야 한다. 문장 고쳐 쓰는 연습은 제4장의 규칙 10에서 이미 공부하였다.

이제 앞쪽에 제시한, 고쳐 쓴 글로 문장 고치는 연습을 해 보자. 문장 고치기도 처음 쓴 문장을 피드백하여 다시 고쳐 쓰는 순서로 진행하면 된다. 앞에서 고쳐 쓴 글 종합하기에서 일부를 발췌하여 연습 자료로 삼았다.

• 제2부 문장론을 다시 공부하고 실천하자.

문장 번호	처음 쓴 문장 / 고쳐 쓴 문장	셀프 피드백
①	학생의 행위주체성을 목표로 하는 「2022 개정 교육과정」	• 주어를 문장의 앞에 놓기
	「2022 개정 교육과정」은 학생의 행위주체성을 목표로 한다.	• 간결하게 하기
②	학생의 행위주체성을 기르는 <u>수업 전략은 무엇인가?</u>	• 서술어 → 행위 동사
	학생의 행위주체성을 기르는 <u>수업을 어떻게 해야 할까?</u>	
④	본론에서는 학생 행위주체성과 자기주도학습의 차이, 수업 목표 설정에 학생 참여와 학습과정·결과 성찰 방안, 비구조화된 수행과제와 분석적 채점 방법, 자발적인 교사학습공동체 참여와 수업과정 공유 방안에 대해 논의하고자 한다.	• 본론 계획이 너무 길어 줄이기 → 중심 논제에 초점 → 서론이 너무 긴 경우 삭제해도 됨
	본론에서는 학생 행위주체성의 의미, 학생이 수업에 주도적으로 참여하는 목표 설정, 비구조화된 수행과제 제시, 학습성찰에 대해 논하겠다.	

⑥	~자신의 행동에 책임을 지는 것을 <u>말한다.</u> ~자신의 행동에 책임을 지는 <u>것이다.</u>	• 비문 주의, 불필 요한 보조용언
⑨	행위주체성은 …… 책임감을 발휘하는 <u>것</u>이고, 자기주도학 습은 …… 능동적인 태도를 보이는 <u>것이다.</u> 행위주체성은 …… 책임감을 발휘하는 <u>것</u>이고, 자기주도학 습은 …… 능동적인 태도<u>와 관련이 있다.</u>	• 한 문장에서 동어 반복
⑬	<u>학생의 행위 주체성은</u> …… 공동으로 결정하는 데 반해 자 기주도학습은 …… 목적에 따라 성실하게 <u>수행하는 것이다.</u> <u>행위 주체성이 있는 학생은</u> …… 공동으로 결정하는 데 반 해 자기주도학습능력만을 가진 학생은 …… 목적에 따라 성실하게 <u>수행한다.</u>	• 사람을 주어로 하 기 → 비문 해결
㉔	학기 초에 교육청 지원청의 홈페이지 등을 <u>방문하거나</u> 학 교에서 계획하는 수업전문성 프로그램<u>에 대한 정보를 수집</u> <u>하고 분석한다.</u> 학기 초에 교육청 지원청의 홈페이지 등을 <u>방문하여 정보</u> <u>를 수집하거나</u> 학교에서 계획하는 수업전문성 프로그램<u>에</u> <u>적극적으로 참여한다.</u>	• 서술어 추가하기 (나누기)→비문 해결
㉧	그렇지만 학생들이 급변하고 불확실한 미래 사회를 대비하 도록 학업과 삶의 과정에서 주체의식을 갖고 스스로 결정 하고, 반성하며 성장하도록 수업 전략의 패러다임을 의도 적으로 바꾸는 노력이 절실하다. 그렇지만 학생들의 삶을 중심이 되는 학습과정에서 행위주 체자가 되도록 수업 전략을 바꾸면, 그것이 삶의 전반에서 주인으로 살아가는 역량을 기를 수 있다.	재반론(최종 주장) 의미 강화하기

    지금까지 자신이 쓴 글을 셀프 피드백하여 고쳐 쓰는 과정을 거쳤다. 이제 이 책의 결론을 맺을 시점이다. 자신이 쓴 글에 대해 스스로 피드백할 때 다음과 같은 체크리스트를 활용해 보자.

【교직 및 교육학 논술 셀프 체크리스트】

구성	질문 항목	상	중	하
1. 개요	① 주제(무엇에 관한 것)를 파악하였는가?			
	② 논제를 제대로 파악하였는가?			
	③ 잠정적 주장과 하위 주장을 일관성 있게 정하였는가?			
	④ 최종 결론을 구체적으로 생각하였는가?			
2. 서론	① 도입 문장(전제)을 논제를 반영하여 적절하게 썼는가?			
	② 잠정적 결론을 적정 수준에서 구체적으로 썼는가?			
	③ 글 전개 계획을 썼는가?			
3. 본론	① 소주장-이유-근거를 적절하게 연결하여 썼는가?			
	② 논제별로 충실하고, 타당하게 썼는가?			
	③ 소주장을 잠정적 결론과 유기적으로 연결하였는가?			
	④ 각 하위 주장이 논증의 조건을 갖추었는가?			
4. 결론	① 본론을 압축하여 종합하였는가?			
	② 소주장을 반영하여 잠정적 결론을 정교화하여 최종 결론을 썼는가?			
	③ 반론 수용과 재반론을 썼는가?			
5. 표현	① 주어-서술어(목적어-서술어, 내용의 논리)가 일치하였는가?			
	② 간결하고 명료하게 썼는가?			
	③ 정서법(띄어쓰기, 맞춤법)을 지켜 썼는가?			

실전 연습

실전 1　(중등 교사 관련 학생) 2023학년도 교원 임용 시험에 출제된 중등교육학 논술에 대해 학생이 직접 작성한 내용이다. 처음 쓴 글을 읽고, 논술 구성의 원리에 따라 피드백을 하자. 이때 친구와 함께, 각자 실천하고 나서 공유하면 논술 실력을 기르는 데 더 도움이 된다. 고쳐 쓰기는 별지를 활용하자.

		처음 쓴 글
		셀프 피드백하기
서론		최근 학교 교육에서 학교 구성원의 의견이 강조됨에 따라 학생, 학부모, 교사의 의견을 반영한 학교 교육 개선이 중요하게 논의되고 있다. 학교 교육 개선에 있어 학교 구성원인 학생, 학부모, 교사의 의견을 반영하기 위한 어떠한 방법이 있을까? 학생들에게는 다양한 경험을 제공하고, 학문 중심 교육과정을 중점으로 교육과정을 편성하고 형성평가와 단점을 보완할 수 있는 평가방법을 함께 활용하고, 관료제를 유지해야 한다. 따라서 제시문의 학교 운영 자체 평가 보고서 내용을 토대로 학생, 학부모, 교사의 의견을 반영한 학교 교육 개선에 대해 논의하고자 한다.
본론	논제 1	사회인지이론의 관점에서 학생의 자기효능감과 자기조절을 증진 시켜야 한다. 평가 보고서에서 자기효능감 형성에 영향을 미친다고 분석한 요인에 따른 교수 전략은 다음과 같다. 첫째, 자기효능감 형성을 위해 숙달 경험을 제공한다. 수행 과정에서 숙달 경험을 하기 위해 학생이 노력하면 달성할 수 있는 도전적인 과제를 제시한다. 숙달 경험을 통해 학생이 과제 달성과 성취에 만족감을 느낄 수 있도록 한다. 둘째, 대리 경험을 제공한다. 대리 경험을 제공할 때는 학생과 비슷한 또래의 성공 사례를 제시한다. 학생은 자신과 비슷한 모델의 성공을 통해 자신도 성공할 수 있을 것이라는 기대를 형성하게 되며 자기효능감이 증진된다. 자기조절 과정에서 목표 설정 및 계획 단계 이후의 지원 방안은 다음과 같다. 첫째, 수행과정 중 점검 단계에서 자기관찰을 할 수 있게 한다. 자기관찰을 효율적으로 하기 위해 체크리스트를 제공하고, 진행 점검 활동을 도와준다. 자기관찰을 통해 학생들 스스로 학습과정,

	목표 달성 정도를 점검할 수 있다. 둘째, 수행 마무리 과정 중 평가 단계에서 자기성찰을 할 수 있게 한다. 자기성찰을 위해 구체적인 평가 기준을 제시한다. 자기성찰은 학생들 스스로 학습과정과 결과에 대한 객관적인 자기평가가 가능하도록 도와준다.	

	처음 쓴 글	
	셀프 피드백하기	
본론	논제 2	학생, 학부모, 교사의 의견을 반영하여 학교 교육을 개선하기 위해서는 형성평가를 활용하고 평가의 타당도를 높여야 한다. 평가 보고서에서 언급한 형성평가를 교사 측면에서 활용할 수 있는 방안은 다음과 같다. 첫째, 평가결과에 따라 학생들에게 적절한 피드백을 제공하여 학생들의 학습을 촉진하고 학생 지도 방안을 계획한다. 이를 통해 학생들 각각의 특성에 맞는 지도 방안을 제공할 수 있다. 둘째, 평가결과에 따라 자신의 교수 방법을 개선하고 효과적인 교수 방법을 고안해낸다. 평가 보고서에서 제안한 타당도는 내용 타당도. 내용 타당도란 평가도구가 그것이 평가하려는 내용, 즉 교육목표를 얼마나 충실히 측정하고 있는가와 관련된 타당도. 내용 타당도를 확보하기 위해서는 미리 설정된 이원분류표를 활용하여 문항을 제작해야 한다.
	논제 3	학생, 학부모, 교사의 의견을 반영하여 학교 교육을 개선하기 위해서 구성원들의 요구 사항과 의견을 반영하여 다양한 교육과정을 활용해야 한다. 학교 교육과정 편성·운영의 만족도를 높인 것으로 분석한 교육과정 이론의 장점은 다음과 같다. 첫째, 학생의 생활에 장에서 발생할 수 있는 문제를 중심으로 학습이 이루어지므로 문제해결력이 증진된다. 둘째, 학생들의 요구가 반영되고 참여를 보장하는 학습이 이루어지므로 학생들이 능동적 학습 태도를 함양할 수 있다. 학교 교육과정을 보완하기 위해 제안한 교육과정 이론의 교육내용 선정·조직 방안은 다음과 같다. 첫째, 학문의 기저를 이루는 핵심 아이디어, 원리를 중심으로 교육내용을 선정한다. 이를 지식의 구조라 한다. 둘째, 나선형 교육과정을 활용하여 학년이 증가함에 따라, 같은 주제, 내용을 양적으로 확대시키고 질적으로 심화시켜 조직한다.

		처음 쓴 글
		셀프 피드백하기
본론	논제 4	학생, 학부모, 교사의 의견을 반영하여 학교 교육을 개선하기 위해서 학교 조직의 특성을 이해해야 한다. 평가 보고서에서 언급한 관료제 이론의 특징 중 '규정과 규칙'이 학교 조직에 미치는 순기능은 다음과 같다. 첫째, 계속성과 통일성의 확보가 가능하다. 정해진 학교의 규정과 규칙에 따라 구성원들의 행동이 일관성 있게 통제되고, 감독받으면서 계속성과 통일성을 확보할 수 있다. 둘째, 구성원들이 규정과 규칙을 따르면서 효율적인 조직 운영이 가능하고 학교 특유의 학교문화를 형성할 수 있다. 규정과 규칙의 역기능은 경직과 목표 전도다. 규정과 규칙에 의해 학교 조직이 경직되고 구성원들이 규정과 규칙을 따르기 위해 조직 생활을 하게 되면서 목표가 전도된다.
결론		지금까지 제시문의 학교 운영 자체 평가 보고서 내용을 토대로 학생, 학부모, 교사의 의견을 반영한 학교 교육 개선에 대해 논의하였다. 교사는 학생, 학부모, 교사의 의견을 반영하여 학교 교육을 개선하기 위해 학생의 자기효능감과 자기조절을 증진시켜야 하고, 형성평가를 활용하고 평가의 타당도를 높여야 한다. 또한, 구성원들의 요구와 의견을 반영하여 다양한 교육과정을 활용하고, 학교 조직의 순기능을 강화하고 역기능을 줄여야 한다. 네 가지 부분을 충족시키기 위해서는 교사의 업무량이 증가하게 되고, 혹여나 어느 한 부분을 소홀히 하게 될 수 있다는 우려가 생길 수 있다. 하지만 자신의 부족한 점은 수정, 보안해 나가며 학생들에게 양질의 교육을 제공하는 것이 유능한 교사가 아닐까? 교사가 이러한 노력을 하고 학교 구성원들의 적극적인 협조가 이루어진다면 학생, 학부모, 교사의 의견을 반영한 학교 교육 개선이 가능할 것이다.

실전 2 (유치원 교사 · 초등학교 교사 준비 학생) 2023학년도 교직 논술 문제에 대해 작성한 후에 고쳐 쓰기를 실천해 보자.

	처음 쓴 내용	
	고친 내용	고친 이유
1		
2		
3		
4		
5		
6		
7		
8		
9		
10		

실전 3 (논술 구성 고치기)를 한 후에, 문장을 고쳐야 할 필요가 있는 것을 골라 아래 양식에 맞게 연습해 봅시다.

	처음 쓴 내용	
	고친 내용	고친 이유
1		
2		
3		
4		
5		
6		
7		
8		
9		
10		

📖 참고문헌

교육부(2022). 초중등학교 교육과정 총론(교육부 고시 제2022-33호).

교육부(2023). 2023학년도 교원자격검정 실무편람.

권대훈(2009). 교육심리학의 이론과 실제. 서울: 학지사.

김별아(2012). 괜찮다, 우리는 꽃필 수 있다. 서울: 해냄출판사.

김보현(2015). 논증의 원리와 글쓰기. 서울: 북코리아.

김준연, 배용준(2011). 논리적 사고와 논증. 대전: 문경출판사.

민중서림 편집국(2006). 민중 에센스 국어사전(제6판). 서울: 민중서림.

북피아 편집부 엮음(2005). 새로운 한글 맞춤법 띄어쓰기. 서울: 북피아.

신붕섭(2008). 교과서만 보고 1등 했어요: 중학교 내신성적 120% 올리는 교과서 읽기 기술. 서울: 한언.

신윤호(2009). 교원양성 교육과정 개편에 따른 산업교과 논리 및 논술 과목의 교육목표와 내용설정 방향에 관한 연구. 실과교육연구, 제15권 3호.

신종호, 김민성, 최지영, 허유성, 이지은(2015). 교육심리학. 경기: 교육과학사.

신지영, 정명숙, 황하상 외(2013). 쉽게 읽는 한국어학의 이해. 서울: 지식과 교양.

유시민(2015). 유시민의 논술 특강. 서울: 생각의 길.

이광우, 전제철, 허경철, 홍원표(2009). 미래 한국인의 핵심역량 증진을 위한 초·중등학교 교육과정 설계 방안 연구. 한국교육과정평가원 연구보고 RRC 2010-2.

이근호(2013). 핵심역량 교육과정의 의미와 성격. 교육광장 2013-여름호.

이보경 역(2012). 논증의 기술. 서울: 필맥.

이봉원(2015). 언어 치료사를 위한 한국어 문법. 서울: 학지사.

이상욱, 문태순, 김미애(2011). 예비교사를 위한 논리-논리와 논술. 서울: 학지사.

장하늘(2012). 글의 생명력을 좌우하는 글 고치기 전략. 서울: 다산 북스.

정희모, 이재성(2005). 글쓰기의 전략. 서울: 들녘.

채석용(2011). 논증하는 글쓰기의 기술. 서울: 소울 메이트.

탁석산(2014). 핵심은 논증이다. 서울: 김영사.

한상기(2011). 비판적 사고와 논리. 서울: 서광사.

【부록】 2023학년도 교원 임용 시험의 논술 문제

2023학년도 공립 유치원 교사 임용후보자 선정경쟁시험 (1차)

유치원 교직 논술

수험번호 : (   )   성명 : (   )

1 교시	1 문항 20점	시험 시간 60분

문 제

　다음은 아동권리 이해를 위해 교사 협의회에서 나눈 교사들 간 대화의 일부이다. 1) 민 교사의 대화에 근거하여 「유엔아동권리협약」 중 '생존권', '보호권', '참여권'과 관련된 교사 활동을 각각 1가지씩 제시하고, 그 이유를 해당하는 개념에 근거하여 각각 논하시오. 2) 최 교사의 대화에서 아동복지의 제 원칙 중 보편성의 원칙과 포괄성의 원칙이 적용된 예를 각각 1가지씩 제시하고, 그 이유를 해당하는 원칙의 의미에 근거하여 각각 논하시오. 3) 황 교사의 교사 역할 수행에서의 어려움 3가지를 제시하고, 민 교사가 제안한 부모집단면담 시 교사 측면의 이점 2가지를 논하시오. [총 20점]

최 교사:	유치원 교사는 「유엔아동권리협약」에서의 아동의 권리와 아동복지와 관련된 제반 원칙들을 알아 두어야 해요.
민 교사:	그렇죠. 팬데믹 상황에서 저는 유아들이 바이러스에 감염되지 않으면서 건강하게 생활할 수 있도록 보건과 위생에 더 주의를 기울이고 있어요. 요즘과 같은 상황에서 저는 유아들에게 올바른 마스크 착용 방법에 대해 수시로 지도하고 있어요.
황 교사:	저는 유아들의 건강을 위해 교실 환기와 소독에 더 주의를 기울이고 있어요.
민 교사:	잘하고 계시네요. 팬데믹 상황에서 바이러스도 문제지만 유아들이 집에 머무는 시간이 많아지면서 인터넷을 더 자주 접하게 되니 인터넷 과의존 문제가 발생할까 봐 걱정이에요. 그래서 저는 유아들과 인터넷 과의존 문제에 대해 종종 이야기를 나눠요. 얼마 전에는 유아들에게 인터넷에서 동영상을 보거나 게임을 하는 대신 무슨 놀이를 할지 스스로 선택하게 했더니 유아들은 자기들끼리 의견을 나누면서 다음에 할 놀이를 투표로 정하더라고요.
최 교사:	유아들이 주도적으로 놀이하는 것을 보니 민 선생님께서는 2019 개정 유치원 교육과정을 잘 운영하고 계신 것 같네요. 선생님들도 아시는 바와 같이 이러한 교육과정은 국가 수준의 공통성을 가지고 있잖아요. 교육과정을 운영하는 방법 중 하나로 현장 학습을 가기도 하죠. 그래서 유치원에서는 지역사회 내 소방서, 경찰서, 도서관 등과 연계하고 있어요. 유아가 속해 있는 지역사회 역시 교육과정의 주체이므로 상호 연계하고 협력해야죠.
황 교사:	그럼요. 이번 학기에도 저는 여러 번 우리 유치원과 연계한 기관으로 현장 학습을 다녀왔어요. 제가 경력이 짧다 보니 현장 학습을 가면 여러 명의 유아를 동시에 돌보고 지도하는 것이 쉽지 않더라고요. 민 선생님께서 말씀하신 것처럼 유아들의 인터넷 과의존과 관련하여 저도 수업 중에 미디어안전교육을 실시하려고 하는데 효과적인 지도 방법을 잘 모르겠어요. 부모님들도 유아들의 인터넷 과의존 문제에 대해 걱정이 많으세요. 그런데 부모님들마다 생각이 다 달라서 면담할 때마다 어떻게 말씀드려야 할지 잘 모르겠어요.
민 교사:	맞아요. 이런 경우에는 여러 부모님들이 함께 참여하는 부모집단면담이 더 효과적이죠.

답안 작성 시 유의 사항	배　점
• 주어진 답안지 면수(2매 이내)에 맞게 서술하시오. • 글의 체계를 논리적으로 짜임새 있게 구성하시오. • 글의 명료성, 타당성, 일관성을 고려하여 서술하시오.	• 논술의 내용[총 15점] 　- '생존권', '보호권', '참여권'과 관련된 교사 활동(3점)과 그 개념에 근거한 이유(3점) [6점] 　- 보편성의 원칙과 포괄성의 원칙이 적용된 예(2점)와 그 원칙의 의미에 근거한 이유(2점) [4점] 　- 교사 역할 수행의 어려움(3점)과 부모집단면담 시 교사 측면의 이점(2점) [5점] • 논술의 체계[총 5점] 　- 글의 논리적 체계성 [3점] 　- 맞춤법 및 어휘·문장의 적절성 [2점]

2023학년도 공립 초등학교 교사 임용후보자 선정경쟁시험 (1차)

초등학교 교직 논술

수험번호 : (　　　　　　　　　　) 　　　성명 : (　　　　　　　　　　　)

1 교시	1 문항 20 점	시험 시간 60 분

문 제

다음은 ○○초등학교에서 생활지도와 상담을 위한 교사 학습 공동체 모임 중에 있었던 대화의 일부이다. 대화 내용에 근거하여 논하시오. 1) 학생들의 대인관계 능력을 함양하기 위해 학교장, 학부모, 지역사회 전문 상담사에게 받을 수 있는 지원 방안을 각각 2가지씩 논하시오. 2) 영우와 진서의 강점을 각각 1가지씩 제시하고, 학생에게 자신의 강점을 알게 해 주는 것이 대인관계 능력 함양에 미치는 긍정적인 영향을 2가지 논하시오. 3) 박 교사의 의견대로 상담 목표 설정에서 고려해야 할 사항을 3가지 제시하고, 상담 목표를 적절하게 설정함으로써 상담 과정이나 성과에서 기대할 수 있는 효과를 2가지 논하시오.

[총 20점]

서 교사 : 코로나19 상황이 지속되면서 대인관계를 형성할 기회가 부족해서 그런지 우리 학교에서도 학생들 간에 대인관계 문제가 많이 발생하고 있네요. 학생들의 대인관계 능력을 함양하기 위한 계획을 세워야 할 것 같아요.

박 교사 : 그러기 위해서 교사들의 노력에 더하여 우리 학교의 생활지도와 상담 협력 지원 체제를 적극 활용해야 할 것 같아요. 현재 교장선생님은 학교 관리자로서, 학부모님은 자녀의 보호자로서, 지역사회 전문 상담사는 대인관계 전문가로서 협력 지원 주체로 참여하여 서로 다른 역할을 맡아 도와주고 계세요.

김 교사 : 좋습니다. 학교에서는 협력 지원 체제를 적극 가동하고, 저는 담임교사로서 우리 반 학생들의 대인관계 문제부터 살펴려고요. 우리 반에도 사소한 문제로 대인관계가 나빠진 학생들이 있거든요. 영우가 진서에게 수업 끝나고 자기 집에 가서 같이 놀자고 했는데 진서가 앞뒤 설명 없이 바로 싫다고 거절해 버려서 영우가 상처를 많이 받은 것 같아요. 평소 영우는 친구들과 어울리기를 좋아하는 아이지만 자기 마음을 표현하는 방법을 잘 모르는 것 같아요. 진서는 다른 친구랑 수영을 가기로 약속되어 있어서 어쩔 수 없었다고 하는데, 사실 진서는 평소에 친구의 입장을 고려해서 말하는 태도가 부족하긴 해요.

박 교사 : 영우와 진서 모두 대인관계 능력을 기르기 위한 상담이 필요한 것 같아요.

김 교사 : 맞아요. 영우와 진서의 부모님께서도 요구하셔서 제가 우선 영우와 진서에게 개별 상담을 진행하고 있으려고요. 이에 대해 좋은 의견 부탁드려요.

서 교사 : 상담을 할 때 영우와 진서의 강점을 찾아 활용하실 필요가 있을 것 같아요. 영우와 진서에게 자신의 강점을 알게 해 주고 상담을 진행하면 대인관계 문제를 해결하는 데 도움이 될 거예요.

박 교사 : 저는 상담 목표를 설정하실 것을 제안합니다. 상담 목표를 설정할 때는 고려해야 할 사항이 많지만 상담 목표를 적절하게 설정하면 상담 과정이나 성과에 도움이 돼요.

답안 작성 시 유의 사항

- 주어진 답안지 면수(2매 이내)에 맞게 서술하시오.

- 글의 체계를 논리적으로 짜임새 있게 구성하시오.

- 글의 명료성, 타당성, 일관성을 고려하여 서술하시오.

배　점

- **논술의 내용 [총 15점]**
  - 대인관계 능력 함양을 위한 학교장(2점), 학부모(2점), 지역사회 전문 상담사(2점)의 지원 방안 [6점]
  - 학생의 강점(2점)과 강점을 알게 해 주는 것이 대인관계 능력 함양에 미치는 긍정적 영향(2점) [4점]
  - 상담 목표 설정에서의 고려 사항(3점)과 상담 목표 설정의 기대 효과(2점) [5점]

- **논술의 체계 [총 5점]**
  - 글의 논리적 체계성 [3점]
  - 맞춤법 및 어휘·문장의 적절성 [2점]

2023학년도 중등학교교사 임용후보자 선정경쟁시험

교 육 학

수험 번호 : (   )   성 명 : (   )

제1차 시험	1 교시	1문항 20점	시험 시간 60분

○ 문제지 전체 면수가 맞는지 확인하시오.

　다음은 ○○고등학교에서 작성한 '학교 운영 자체 평가 보고서' 중 전년도에 비해 학교 교육 만족도가 높아진 항목에 대한 분석 결과의 일부이다. 만족도 조사 결과 그래프, 서술식 응답, 분석 내용을 읽고 '학생, 학부모, 교사의 의견을 반영한 학교 교육 개선'이라는 주제로 교수전략, 교육평가, 교육과정, 학교 조직을 구성 요소로 하여 서론, 본론, 결론을 갖추어 논하시오. [20점]

학생 만족도 조사 결과

Q. 수업 내용과 과제의 수준이 적절하다.
(←5점 리커트 척도→)
5 4 3 2 1
2021 2022

- 어려운 과제도 해결할 자신이 생겼어요.
- 공부하기 전에 목표를 설정하는 연습을 했던 것이 도움이 되었어요.

분석 내용

　수업 내용과 과제의 수준에 실질적인 변화가 없었지만, 학생들의 만족도가 높아졌다. 이는 사회인지이론에서 제시한 자기효능감과 자기조절을 증진하기 위해 노력한 결과로 분석된다. 특히 자기효능감 형성에 영향을 미치는 숙달 경험과 대리 경험을 학생들에게 제공하고, 자기조절을 촉진하기 위해 학생들 스스로 목표 설정 및 계획 단계를 실행하도록 한 것이 효과적이었다. 향후 학생들의 자기효능감 향상을 위해 적절한 교수전략을 지속적으로 모색하고, 자기조절 과정에서 목표 설정 및 계획 단계 이후로 나아가도록 지원할 필요가 있다.

학생 만족도 조사 결과

Q. 학교에서 시행하는 평가는 적절하다.
(←5점 리커트 척도→)
5 4 3 2 1
2021 2022

- 수업 중 퀴즈, 질문이 학습에 도움이 되었어요.
- 시험 문제가 수업에서 배운 것과 약간 다른 것 같아요.

분석 내용

　수업 진행 중에 퀴즈, 질문 같은 형성평가 방법을 적절하게 적용한 점이 학생들의 평가 만족도를 높인 것으로 분석된다. 학생들이 이러한 평가로 인해 부담감을 느끼지 않도록 형성평가에 대해 잘 설명한 것이 효과가 있었다. 한편, 학생 의견 중 검사의 타당도에 대한 의견도 있었다. 교육 현장에서는 정기고사에서의 평가 방법도 중요하므로, 앞으로 평가 문항 개발 시 교육과정에 따라 수업 중에 가르친 부분을 점검하여 타당도를 높일 수 있는 방안을 모색해야 한다.

학부모 만족도 조사 결과

Q. 학교 교육과정이 잘 편성·운영된다.
(←5점 리커트 척도→)
5 4 3 2 1
2021 2022

- 우리 아이가 다양한 과목과 활동을 경험할 수 있어 좋았어요.
- 학문적 지식을 좀 더 많이 다루어 주셨으면 합니다.

분석 내용

　우리 학교에서는 듀이(J. Dewey)의 경험중심 교육과정 이론에 근거하여 과목을 다양화하고 경험을 통한 학습이 가능하도록 하였다. 이 점이 학부모의 만족도를 높이는 데 영향을 주었을 것으로 분석된다. 한편, 학생들이 지식에 더 중점을 두고 학습하기를 희망하는 학부모의 의견이 있었다. 이를 반영하여 학생들의 교과 학습에 도움을 줄 수 있도록 교육과정의 내용 체계를 보완할 필요가 있다. 다음 학년도에는 학문적 지식을 강조한 브루너(J. Bruner)의 교육과정 이론을 바탕으로 교육내용을 선정·조직하는 방안을 보다 체계화하여 균형 잡힌 교육과정을 편성·운영해야 할 것이다.

교사 만족도 조사 결과

Q. 학교 운영에 대해 전반적으로 만족한다.
(←5점 리커트 척도→)
5 4 3 2 1
2021 2022

- 기본에 충실해야 한다는 생각이 학교 문화로 자리 잡았습니다.
- 학교 구성원 간의 약속이 더 잘 지켜지도록 노력해야 합니다.

분석 내용

　학교 운영 전반에 대한 교사의 만족도가 전년도에 비해 상승했다. 학교의 외부 환경 변화와 내부 구성원의 변동이 있었음에도 불구하고 함께 이루어낸 성과였다. 이는 교사의 서술식 응답에서 볼 수 있듯이 기본에 충실한 학교 문화가 형성되었고, 학교 구성원 간 공동의 약속이 준수된 결과라 할 수 있다. 즉, 베버(M. Weber)가 제시한 관료제 이론의 특징 중 하나인 '규칙과 규정'이 학교 조직에 잘 적용된 것으로 판단된다. 앞으로 이러한 결과가 유지될 수 있도록 '규칙과 규정'의 순기능을 강화하고 역기능을 줄여야 할 것이다.

─────〈배 점〉─────

○ 논술의 내용 [총 15점]
- 평가 보고서에서 자기효능감 형성에 영향을 미친다고 분석한 요인에 따른 교수전략 2가지, 자기조절 과정에서 목표 설정 및 계획 단계 이후의 지원 방안 2가지 [4점]
- 평가 보고서에서 언급한 형성평가를 교사 측면에서 활용할 수 있는 방안 2가지, 평가 보고서에서 제안한 타당도의 명칭과 이 타당도의 확보 방안 1가지 [4점]
- 평가 보고서에서 학교 교육과정 편성·운영의 만족도를 높인 것으로 분석한 교육과정 이론의 장점 2가지, 학교 교육과정을 보완하기 위해 제안한 교육과정 이론의 교육내용 선정·조직 방안 2가지 [4점]
- 평가 보고서에서 언급한 관료제 이론의 특징 중 '규칙과 규정'이 학교 조직에 미치는 순기능 2가지, 역기능 1가지 [3점]

○ 논술의 구성 및 표현 [총 5점]
- 논술의 내용과 '학생, 학부모, 교사의 의견을 반영한 학교 교육 개선'의 연계 및 논리적 형식 [3점]
- 표현의 적절성 [2점]

〈수고하셨습니다.〉

2023학년도 공립 특수학교(유치원) 교사 임용후보자 선정경쟁시험 (1차)

특수학교(유치원) 교직 논술

수험번호 : (   )   성명 : (   )

1 교시	1 문항 20점	시험 시간 60 분

문 제

다음은 초등학교 입학을 앞둔 발달지체 유아인 민지의 개별화교육계획을 작성하기 위해 특수학급 김 교사와 민지 어머니가 나눈 대화의 일부이다. 대화 내용에 근거하여 논하시오. 1) 김 교사와 민지 어머니가 개별화교육지원팀 구성원으로서 수행하는 역할을 각각 2가지씩 논하고, 개별화교육계획의 실행을 위한 초학문적 접근의 특징 2가지를 논하시오. 2) 김 교사와 민지 어머니의 대화에 근거하여 발달론적 관점과 기능론적 관점의 특징을 각각 2가지씩 논하고, 김 교사가 초등학교 적응 기술을 선정하는 데 활용한 방안 2가지를 논하시오. 3) 김 교사, 민지, 민지 어머니의 측면에서 개별화교육계획의 이점을 각각 1가지씩 논하시오. [총 20점]

김 교사 : 민지의 2학기 개별화교육계획을 작성해야 해서 다음 주에 개별화교육지원팀 회의가 열릴 거에요.

민지 어머니 : 저도 연락받았어요. 회의에는 어떤 분들이 참석하시나요?

김 교사 : 원장님과 통합학급 담임 선생님도 참석하시고, 저도 참석해요. 그리고 민지의 치료 지원을 담당하시는 분들도 참석해서 관련 서비스의 내용이나 일정 등과 관련한 다양한 정보를 알려 주실 거에요.

민지 어머니 : 민지를 위한 개별화교육지원팀에 많은 분이 참여하시네요.

김 교사 : 네. 민지의 개별화교육계획은 초학문적 접근으로 실행하려고 해요. 개별화교육이 효과를 거두려면 어머니와 다양한 전문가들의 협력이 매우 중요해요. 어머니께서는 민지에게 어떤 교육적 지원이 필요하다고 생각하세요?

민지 어머니 : 내년이면 민지가 초등학교에 가야 하니 초등학교 입학 준비를 하면 좋겠어요. 무엇보다 민지가 초등학교에 입학할 준비가 되어 있는지 궁금해요. 민지가 입학할 준비가 되어 있지 않으면 초등학교에서 생활하기 힘들 것 같아요. 그래서 저는 민지의 발달 수준을 먼저 파악하고 그 수준에 맞는 내용을 발달 순서에 따라 자연스럽게 배울 수 있으면 좋겠어요.

김 교사 : 어머니 말씀에 공감해요. 그에 더해서 민지에게는 초등학교 적응에 필요한 기술을 파악해서 가르치는 것도 중요해요. 제가 지난번에 드린 초등학교 적응 기술 목록표에 민지에게 필요하다고 생각하는 기술을 표시해 주세요. 통합학급 선생님 것도 받아 두었어요. 이런 자료들이 모아지면 제가 민지에게 우선적으로 가르칠 내용을 파악할 수 있거든요. 그리고 민지에게 필요한 기술은 실제적인 환경에서 가르쳐야 효과적이어서 지난주에 민지가 입학할 초등학교를 방문했어요. 그곳의 환경을 둘러본 후 민지가 화장실이나 식당을 이용할 때 필요한 기술 목록을 만들었어요.

민지 어머니 : 선생님께서 수고가 많으셨네요. 그런데 선생님, 민지가 이러한 기술을 잘 배울 수 있을까요?

김 교사 : 그럼요. 민지의 교육에 대해 어머니의 의견을 들으니 제가 수업 계획을 세우는 데 많은 도움이 될 것 같아요.

답안 작성 시 유의 사항	배 점
• 주어진 답안지 면수(2매 이내)에 맞게 서술하시오. • 글의 체계를 논리적으로 짜임새 있게 구성하시오. • 글의 명료성, 타당성, 일관성을 고려하여 서술하시오.	• 논술의 내용 [총 15점] - 개별화교육지원팀의 구성원으로서 교사와 부모의 역할(4점)과 초학문적 접근의 특징(2점) [6점] - 발달론적 관점과 기능론적 관점의 특징(4점)과 적응 기술 선정 방안(2점) [6점] - 개별화교육계획의 이점 [3점] • 논술의 체계 [총 5점] - 글의 논리적 체계성 [3점] - 맞춤법 및 어휘·문장의 적절성 [2점]

2023학년도 공립 특수학교(초등) 교사 임용후보자 선정경쟁시험 (1차)

특수학교(초등) 교직 논술

수험번호 : (   )   성명 : (   )

1교시	1문항 20점	시험 시간 60분

문 제

다음은 자폐성 장애학생인 지호를 위한 교육적 지원과 관련하여 특수학급 박 교사와 통합학급 김 교사가 나눈 대화의 일부이다. 대화 내용에 근거하여 논하시오. 1) 지호의 통합교육을 위한 대안적 교수와 교수-지원 협력교수 각각에 대해 특수학급 박 교사와 통합학급 김 교사가 각기 수행할 수 있는 역할을 1가지씩 논하시오. 2) 박 교사가 사용할 3가지 반응 촉진 전략을 통해 지호에게 인사하는 행동을 지도하는 방안을 각각 1가지씩 논하고, 인사하는 행동을 일반화하기 위한 지도 방안을 2가지 논하시오. 3) 지호를 위해 제공할 수 있는 공간적 지원과 시각적 지원 방안을 각각 2가지씩 논하고, 이러한 교수·학습 환경을 지원함으로써 지호에게 기대할 수 있는 교육적 효과를 2가지 논하시오. [총 20점]

> 김 교사 : 우리 반에는 3명의 장애학생이 있는데, 그중 지호가 통합학급 수업에 잘 참여하지 못해요.
> 박 교사 : 그럼 지호를 위해 김 선생님과 제가 통합학급에서 사회과 수업을 협력교수로 해 보면 어떨까요? 협력교수를 하면 김 선생님과 제가 함께 지호를 관찰하면서 교육적 방안에 대해 더 많은 의견을 나눌 수 있어요. 그러면 지호의 교육적 요구도 충분히 반영하여 지원할 수 있을 거예요.
> 김 교사 : 맞아요. 그런데 협력교수 유형 중에는 어떤 것이 좋을까요?
> 박 교사 : 제 생각에는 지호에게 도움이 되려면 대안적 교수나 교수-지원 협력교수가 좋을 것 같아요.
> 김 교사 : 그럼 어떤 유형의 협력교수를 할지는 다음 주 회의에서 결정하기로 해요. 그런데 지호가 친구들과 관계를 형성하는 데도 어려움이 있어요. 제 생각에는 지호가 인사를 잘하면 통합학급에서 친구들과 긍정적인 관계를 형성하는 데 도움이 될 것 같아요.
> 박 교사 : 그러면 지호가 인사하는 행동을 습득할 수 있도록 제가 지도해 볼게요. 지도 방안으로 시범을 통한 촉진, 신체적 촉진, 구어적 촉진 전략을 사용하려고요. 지호가 인사하는 행동을 점차 습득해 가면 저는 반응 촉진을 점진적으로 줄일 거예요. 지호가 인사하는 행동을 습득한 다음에는 다양한 사람들에게 인사하도록 지도해서 그 행동을 일반화하는 것이 필요해요.
> 김 교사 : 그럼 일반화를 위한 지도는 제가 실시할게요.
> 박 교사 : 그런데 자폐성 장애학생의 경우에는 학생의 특성을 고려하여 구조화된 교수·학습 환경을 지원할 필요가 있어요. 특히 지호는 주의가 산만하고 감각적 자극에 민감하니까 그 특성을 고려해서 공간적 지원을 제공하는 것이 도움이 돼요. 또한 시각적 정보를 잘 처리하는 지호의 강점을 고려한 시각적 지원도 도움이 될 것 같아요.

답안 작성 시 유의 사항

- 주어진 답안지 면수(2매 이내)에 맞게 서술하시오.

- 글의 체계를 논리적으로 짜임새 있게 구성하시오.

- 글의 명료성, 타당성, 일관성을 고려하여 서술하시오.

배 점

- 논술의 내용 [총 15점]
  - 대안적 교수와 교수-지원 협력교수 각각에서의 특수 교사와 통합학급 교사 각각의 역할 [4점]
  - 반응 촉진을 사용한 지도 방안(3점)과 일반화를 위한 지도 방안(2점) [5점]
  - 공간적 지원과 시각적 지원 방안(4점)과 교수·학습 환경 지원의 교육적 효과(2점) [6점]

- 논술의 체계 [총 5점]
  - 글의 논리적 체계성 [3점]
  - 맞춤법 및 어휘·문장의 적절성 [2점]

📖 찾아보기

인명

내용

저자 소개

신봉섭(Shin Boongseop)
충남대학교 교육학과(학사–석사–박사)
대전과학기술대학교 교수
현 나사렛대학교 중등특수교육과 교수

〈주요 저 · 역서〉
교육행정 및 교육경영(6판, 공저, 학지사, 2023)
교육행정학(공저, 학지사, 2022)
학교문화 리더십(공역, 학지사, 2019)
학교폭력의 예방과 대책(공저, 태영출판사, 2014)
교육학개론(공저, 양서원, 2013)
교사교육론(공저, 태영출판사, 2009)

〈주요 논문〉
대학교육에서 플립러닝 연구의 경향: 수업 과정을 중심으로(교육종합연구, 2023)
플립러닝에서 대학핵심역량 향상과 학습경험의 인식 연구(교육종합연구, 2022)
대학 핵심역량 향상을 위한 백워드 설계 기반의 플립 러닝 설계 사례(고등교육, 2020)
초임기 기간제특수교사의 교직생활과 개선 요구에 관한 질적 연구(직업교육연구, 2013)
신규교사 멘토링제의 운영 실제와 개선 방안: 충청남도교육청의 사례(한국교원교육
  연구, 2006)

교직으로 가는 논리 논술 2판

The Road to Teaching Profession
Educational Logic and Essay (2nd Ed.)

2017년 8월 30일 1판 1쇄 발행
2023년 9월 13일 2판 1쇄 발행

지은이 • 신봉섭
펴낸이 • 김진환
펴낸곳 • ㈜ 학지사

　　　　04031 서울특별시 마포구 양화로 15길 20 마인드월드빌딩
대표전화 • 02-330-5114　　팩스 • 02-324-2345
등록번호 • 제313-2006-000265호

홈페이지 • http://www.hakjisa.co.kr
인스타그램 • https://www.instagram.com/hakjisabook

ISBN 978-89-997-2971-3　93370

정가 17,000원

출판미디어기업 학지사

간호보건의학출판 **학지사메디컬** www.hakjisamd.co.kr
심리검사연구소 **인싸이트** www.inpsyt.co.kr
학술논문서비스 **뉴논문** www.newnonmun.com
교육연수원 **카운피아** www.counpia.com